Ingrid Annel

Esel Erasmus
unterwegs im sagenhaften
Erfurt

Illustrationen von Nadja Rümelin

Esel Erasmus unterwegs im sagenhaften Erfurt

5   Wie Esel Erasmus zu seinem Namen kam und heimlich das Lesen lernte

12 Wie Erasmus am Fluss seinen Durst stillte und dabei seinen Wissensdurst entdeckte

20 Wie Erasmus den Leuten das Lesen beibringen wollte

23 Wie Erasmus sich bei einem Müller verdingte und nachts den Tieren das Lesen beibringen wollte

29 Wie Erasmus das Mädchen Magdalena kennenlernte und vielen Menschen in Not half

36 Wie Erasmus einen schrecklichen Tag überlebte

41 Wie Erasmus für eine Weile im Bücher-Paradies lebte

46 Wie Erasmus einen Verbrecher jagte, aber nicht die ganze Stadt retten konnte

50 Wie Erasmus die Geburt einer ganz besonderen Glocke erlebte

61 Wie Erasmus sieben schweinisch grunzende Menschen traf

67 Wie Erasmus beinahe vom Blitz getroffen wurde

73 Wie Erasmus einen fliegenden Schuster auf eine gute Idee brachte

79 Was der Magier Johann Faust Erasmus ins Ohr flüsterte

83 Wie Erasmus ein einäugiges Ungeheuer verjagte

86 Wie Erasmus den Teufel davonfliegen sah

93 Wie Erasmus einem wahren Riesen begegnete

99 Wie Erasmus Till Eulenspiegel noch einmal begegnete

WIE ESEL ERASMUS ZU SEINEM NAMEN KAM UND HEIMLICH DAS LESEN LERNTE

Vor langer Zeit lebte mitten in Erfurt ein Esel. Er sah fast so aus wie andere Esel auch. Er hatte ein graues Fell, glänzende Augen und lange Ohren. Doch diese Ohren waren etwas Besonderes: Das linke Ohr endete in einer kleinen schwarzen Spitze, die Spitze des rechten Ohres dagegen war weiß.

Tagsüber schleppte er schwere Mehlsäcke, nachts schlief er in einem engen Stall. Meistens tat er klaglos, was von ihm verlangt wurde. Nur manchmal war er ein wenig störrisch. Er war eben ein richtiger Esel und hätte so bis ans Ende seiner Tage weitergelebt. Doch dann geschah etwas, das sein Leben schlagartig veränderte.

Ein Mann war in die Stadt gekommen. An alle Türen und Tore heftete er Zettel, auf denen stand: »Bringe jedem das Lesen bei. Unterschrift: Till Eulenspiegel.«

Dieser Eulenspiegel war ein weithin bekannter Schelm. Schon in vielen Städten hatte er den Leuten derbe Streiche gespielt und sie zum Narren gehalten.

In Erfurt gab es eine Universität mit klugen und ehrwürdigen Professoren. Die lasen die Zettel, schüttelten empört die Köpfe und schimpften: »Dieser Tunichtgut! Dieser Tagedieb! Will er sich über uns lustig machen? Will er etwa beweisen, dass er mehr kann als wir?«

Schnell beschlossen sie, den Spieß umzudrehen und ihrerseits diesem Obergaukler einen Streich zu spielen. Aber welchen?

Den ganzen Abend lang saßen sie im Wirtshaus beisammen und grübelten. Und überlegten. Endlich sprang einer auf und rief: »Dieser Eulenspiegel behauptet, er könne jeden unterrichten. Also auch jeden Dummkopf, jeden Trottel, jeden Esel. Soll er doch einem richtigen Esel das Lesen beibringen!«

»Ja«, stimmten die anderen begeistert zu, »wir schließen eine Wette mit ihm ab. Die kann er nur verlieren! Und dann lachen wir über ihn.«

Am nächsten Tag bestellten sie Till Eulenspiegel zu sich und boten ihm die Wette an. Mit diebischer Freude warteten sie darauf, dass er sich sofort geschlagen geben würde.

Doch er sagte nur: »Einverstanden! Besorgt mir einen Esel, einen Stall, genügend Futter und ein großes Buch. Dann will ich Euch meine Kunst beweisen.«

Wie es der Zufall so fügte, kam gerade der Esel vorbei, beladen mit schweren Mehlsäcken. Plötzlich sah er sich umringt von Herren in langen, schwarzen Mänteln. Wie wurde ihm ängstlich zumute! Die Männer rückten immer näher und betrachteten ihn prüfend von allen Seiten. Einer strich über sein Fell, ein anderer schaute ihm tief in die Augen. Und ein dritter sagte: »Den nehmen wir, das ist ein richtiger Esel.« Dann prusteten die Herren los vor Lachen.

»Was gibt es da zu lachen?«, wunderte sich der Esel. Noch mehr wunderte er sich, als ihm ein Mann die schweren Säcke abnahm. Dieser Mann trug allerdings keinen schwarzen Mantel, sondern ein buntes Gewand und eine Narrenkappe mit klingenden Schellen daran. Er führte den Esel in einen Stall, der viel größer und heller war als sein alter.

Dort zupfte der Mann dem Esel vergnügt an den Ohren. An der weißen Spitze und an der schwarzen. Dazu sagte er: »Mein Freund, wir werden eine Weile unseren Spaß miteinander haben. Ich heiße Till Eulenspiegel. Und du?«

»Ia«, antwortete der Esel.

»Ia? Welch ein seltsamer Name! Nein, der gefällt mir nicht«, sagte Eulenspiegel. »Du sollst einen klangvolleren Namen bekommen. Wir beide wollen die Herren Professoren an der Nase herumführen. Wir wollen so tun, als könnte ein kleiner, dummer Esel genauso klug werden wie ein großer Gelehrter. Und deshalb sollst du auch so heißen wie ein großer Gelehrter: Erasmus. Gefällt dir der Name?«

Der Esel knirschte mit den Zähnen. Die Bemerkung mit dem dummen Esel hätte er lieber nicht gehört. Aber der Name klang gut: Erasmus. Ja, der passte zu ihm. Freudig antwortete er: »Ia.« Und diesmal klang es fast wie »Ja«.

Schon am selben Tag begann der Lese-Unterricht. Till Eulenspiegel schlug das Buch auf und streute Haferkörner zwischen die Seiten. Der hungrige Esel konnte nicht schnell genug mit dem Maul die Seiten umblättern, um an die versteckten Körner zu gelangen. Und wenn er keine fand, schrie er ärgerlich: »Ia, ia!«

Während Esel Erasmus das Umblättern übte, las Eulenspiegel zum Zeitvertreib, was in dem Buch geschrieben stand. Ein spannendes Buch, mit einer wundersamen Geschichte. Eulenspiegel amüsierte sich köstlich, lachte Tränen und sagte: »Erasmus, du tust mir leid. Du bist ein dummer Esel, der nur ans Fressen denkt. Du wirst nie in deinem Leben solch einen Spaß haben wie ich. Wie ein Mensch, der lesen kann.« Bei diesen Worten tätschelte er Erasmus die Flanken, als wollte er ihn trösten.

»Wie kann dieser Mensch nur so herablassend sein«, dachte Erasmus verärgert und schwor sich: »Wart's ab, mein Freund, eines Tages kann ich auch lesen!«

Von diesem Moment an verfolgte er eifrig, was Eulenspiegel laut vorlas. Bald konnte er einzelne Buchstaben erkennen. Dann kurze Wörter, längere Wörter und schließlich ganze Sätze. Erasmus konnte lesen!

Wenn eine Seite zu Ende gelesen war und er umblättern durfte, wollte er der Erste sein, der das nächste Wort erkannte. Kaum war die neue Seite aufgeschlagen, rief er freudig: »Ia!«

Eulenspiegel lobte ihn und sprach: »Brav, mein Esel. Für dich ist alles, was geschrieben steht, Ia.«

Doch das war nur die halbe Wahrheit. Erasmus konnte sehr wohl lesen. Allerdings nur stumm für sich allein. Aussprechen konnte er die Worte nicht. Sein Maul war einfach nicht dafür

geschaffen. Sooft er es auch versuchte, es kam immer nur »Ia« heraus.

»Na, macht nichts. Lesen ist trotzdem ein großes Vergnügen«, tröstete Erasmus sich selbst.

Und so las er mit Till Eulenspiegel viele Tage lang gemeinsam. Eulenspiegel laut, Erasmus still für sich.

Eines Nachmittags nahte die erste Prüfungsstunde. Die Professoren drängten zur Stalltür herein. Ängstlich zog sich Erasmus in die hinterste Ecke zurück. Was wollten die schon wieder mit ihren strengen Blicken?

Eulenspiegel beruhigte ihn: »Du musst nicht aufgeregt sein. Heute zeigen wir den werten Herren, was du schon gelernt hast.« Er schlug das große Buch auf und hielt es dem Esel entgegen. Doch diesmal fand Erasmus nicht ein einziges Haferkorn darin. Hungrig blätterte er weiter und schrie immerfort: »Ia, ia!«

Eulenspiegel verneigte sich vor den Professoren und verkündete: »Meine Herren, Ihr hört und seht es selbst: Das I und das A kann er schon. Die restlichen Buchstaben bringe ich ihm noch bei. Aber so ein Esel ist ein ungebildetes Tier. Der Unterricht wird wohl noch viele Jahre dauern. Ich brauche also ausreichend Geld, um Futter für ihn kaufen zu können.«

Bevor sich die Professoren recht besannen, zückte jeder einen goldenen Taler und reichte ihn Eulenspiegel.

Der bedankte sich und sagte: »Und nun bitten wir wieder um Ruhe, wir müssen noch fleißig üben.«

Kaum waren die Professoren fort, zupfte Eulenspiegel Erasmus an der weißen Ohrspitze und sagte: »Mein Freund, wir hatten viel Spaß miteinander. Die Professoren halten mich für einen Narren und dich für einen Esel. Doch die eigentlichen Narren und Esel sind sie selbst! Sie glauben, ich könnte dir das Lesen beibringen. Ha, welch ein Unfug! Sie hofften, über mich lachen zu können. Aber nun lache ich über sie. Mit dem Geld werde ich schnellstens aus dieser Stadt verschwinden, um andernorts mein Glück zu versuchen. Leb wohl!«

Erasmus rief ihm noch ein »Ia« hinterher, dann war er allein in seinem Stall.

Er dachte über sein weiteres Leben nach. Wie aufregend es werden würde! Er war ja kein dummer Esel, sondern belesen und klug! Doch was könnte er mit seinem Talent anfangen?

»Am besten, ich schlafe eine Nacht darüber«, beschloss er.

Und so legte sich Erasmus auf eins seiner beiden Ohren und träumte von der weiten Welt, die ihm nun offenstand wie ein großes Buch.

WIE ERASMUS AM FLUSS SEINEN DURST STILLTE UND DABEI SEINEN WISSENSDURST ENTDECKTE

Es war schon spät am Vormittag. Esel Erasmus schlief noch immer tief und fest. Er träumte davon, wie er seinen Stall verließ, weit aus der Stadt hinaus wanderte und schließlich an einen Berg gelangte. Das war aber kein gewöhnlicher Berg. Hier waren alle Bücher der Welt zuhauf getürmt.

Erasmus wackelte im Schlaf mit den Ohren und seufzte. Ja, so ein Berg würde ihm gefallen.

Plötzlich hörte er ein gefährliches Grollen und Grummeln, ein Rumpeln und Rumoren. Was war das? Würde der Berg einstürzen?

Erschrocken fuhr Erasmus aus dem Schlaf hoch. Weg war der schöne Traum! Erasmus blinzelte in das flirrende Licht der Sonne, die ihre Strahlen in seinen Stall hinabschickte. Still und friedlich war es hier. Da hörte er wieder dieses seltsame Poltern! Woher kam das nur? Erasmus stellte seine Ohren auf und lauschte. Da begriff er, dass es sein Magen war, der vor Hunger so laut knurrte.

»Ich brauche dringend Futter«, dachte er. »Till Eulenspiegel wird gleich kommen und mir Haferkörner bringen.«

Doch wo steckte er nur? Warum kam er heute nicht? Erasmus grübelte. Und hätte sich nach einer Weile am liebsten mit dem Huf an die Stirn geschlagen, wenn er es gekonnt hätte.

»Ich bin doch wirklich ein Esel«, dachte er. »Wie konnte ich nur vergessen, dass Eulenspiegel die Stadt verlassen hat. Mit all dem Geld, mit dem er Futter für mich kaufen sollte!«

Ratlos streckte sich Erasmus auf seinem Lager aus. Wer würde nun für ihn sorgen? Wer würde ihm Futter bringen?

Und neue Bücher zum Lesen? Er fühlte sich so einsam und verlassen.

Doch bevor ihm noch elender zumute wurde, ermahnte er sich selbst: »Erasmus, steh auf! Du bist doch kein dummer Esel. Du kannst lesen. Geh hinaus in die Welt! Irgendwo gibt es etwas zu tun für dich. Und zu fressen auch.«

Mit dem Huf stieß er die Stalltür auf und trabte hinaus. Er lief eine schmale Gasse entlang, bog um ein paar Ecken und gelangte an eine flache Stelle des Flusses, gleich neben der Krämerbrücke mit ihren hölzernen Verkaufsbuden. Am Ufer wuchs allerlei Grünzeug, das er sogleich verspeiste. Und zwischendurch trank er vom Wasser, das leise an ihm vorbeiplätscherte.

Während Erasmus Gräser und Kräuter zupfte, stellte sich ganz in seiner Nähe ein junger Mann an den Fluss. Er lächelte und schaute dem fließenden Wasser hinterher.

»Was der wohl sucht?«, überlegte Erasmus. »Ich will doch mal sehen, ob ich es herausfinden kann.« Er ließ den jungen Mann nicht mehr aus den Augen.

Kurze Zeit später kam ein anderer junger Mann. Er ging geradewegs auf den Wartenden am Fluss zu, legte ihm eine Hand auf die Schulter und fragte: »Michael, bist du das?«

Der Wartende drehte sich um und sagte: »Thomas! Wie schön, dich hier zu treffen! Wie lange haben wir uns nicht gesehen? Das muss doch schon viele Jahre her sein!«

»Ja, seitdem ist eine Menge Wasser die Gera hinabgeflossen. In Nürnberg war's, da haben wir uns kennengelernt. Wir waren fast noch Kinder und mit unseren Vätern unterwegs, zwei tüchtigen Kaufmännern. Das wollten wir auch werden. Nun, sag an: Reist du als Kaufmann durch die Lande?«

»Ja, ich bin mit meinem eigenen Fuhrwerk unterwegs. Und weil du so von Erfurt geschwärmt hast, von den vielen Kirchtürmen, den Mühlen und freundlichen Menschen, wollte ich die Stadt endlich mit eigenen Augen sehen. Hier bin ich. Schön, dich zu treffen!«

»Das nenne ich einen glücklichen Zufall«, sagte Thomas. »Hier, in meiner Heimatstadt, bin ich immer nur für kurze Zeit. Auch ich reise als Fernhändler umher. In ein paar Tagen geht es wieder los: über Köln und Brüssel bis nach Antwerpen. Aber immer, wenn ich zu Hause bin, komme ich hierher, an diese Stelle, um den Fluss zu begrüßen.«

»Den Fluss begrüßen? Warum denn das?«, fragte Michael.

Thomas grinste. »Hier habe ich als Kind gespielt. Frag nicht, wie oft ich mit nassen Kleidern nach Hause kam. Und dass ich einmal beinahe ertrunken wäre, habe ich meinen Eltern nie erzählt. Schwimmen kann ich nicht, ich bin ja kein Fisch. Aber es gibt noch einen zweiten Grund: Genau hier findest du den eigentlichen Ursprung dieser Stadt.«

»Das musst du mir erklären«, bat Michael.

»Sag mir erst, wo man einen Fluss überqueren kann, wenn es weit und breit keine Brücke gibt«, forderte Thomas seinen Freund heraus.

»Na, das weiß doch jeder: Man sucht sich die flachste Stelle, wo das Wasser nur langsam dahinfließt, also eine Furt. Dort kommt man einigermaßen sicher über den Fluss.«

»Genau an solch einer Stelle befinden wir uns. Schon seit ewigen Zeiten zogen Karawanen von Händlern hier entlang. Das flache Wasser war für Pferdebeine und Wagenräder ungefährlich. Das sprach sich herum, immer mehr Leute kamen hier entlang. Manchem gefiel der Ort so gut, dass er hierblieb und sich in der Nähe ein Haus baute. Denn wo viele Menschen vorbeikommen, kann man gut Handel treiben. Auch Handwerker fanden bald genügend Arbeit. So wuchsen allmählich kleine Siedlungen. Aus denen entstand schließlich die Stadt. Und die wurde nach diesem Fluss und nach dieser Stelle hier benannt«, beendete Thomas seine Erklärungen.
Erasmus stellte die Ohren auf. Die Stadt sollte nach diesem Fluss benannt worden sein? Aber der Fluss hieß doch Gera! Unauffällig rückte er ein Stück näher an die beiden jungen Männer heran. Er wollte kein Wort verpassen.

Prompt fragte Michael: »Die Stadt soll nach diesem Fluss benannt sein? Er heißt doch Gera! Was hat das mit dem Namen Erfurt zu tun? Nun erzähl schon und spann mich nicht so auf die Folter.«

»Ganz einfach«, sagte Thomas. »Der Fluss hieß früher Erfes. Das bedeutet: braunes Wasser. Wenn im Frühjahr viel Schmelzwasser aus den Bergen kommt, ist das hier ein wilder, tosender Fluss von brauner Farbe. Weil er aber in mehreren Armen durch die Stadt fließt, ist er stellenweise flach, also geeignet für eine Furt: die Erfes-Furt. Und daraus wurde …«

»… Erfurt«, beendete sein Freund den Satz.

Erasmus war froh, dass das Wasser heute nicht wild und braun durch die Stadt rauschte, sondern klar und ruhig strömte. Gleich nahm er noch einen Schluck und wartete, was die beiden sich weiter zu erzählen hatten.

»Ich rede und rede«, sagte Thomas, »dass mir schon ganz trocken ist im Hals. Sag an, Michael, wann bist du gekommen? Hast du schon ein Quartier für die Nacht? Und wohin führt dich deine Reise?«

»Gekommen bin ich heute Vormittag. Ein Gasthaus konnte ich noch nicht suchen. Ich musste erst mit meinen Knechten das Fuhrwerk zur städtischen Waage fahren. Es muss ja alles ausgepackt, gewogen, gemessen und verzollt werden. Ich habe noch einen langen Weg vor mir, bis hinauf in die Hansestadt Lübeck. Aber du weißt ja: Bevor ich weiterreisen kann, muss ich drei Tage in Erfurt bleiben und meine Waren hier zum Kauf anbieten. So will es das Gesetz.«

»Das müssen alle Händler«, erklärte Thomas. »Und ich finde es gut! So kommen die Erfurter in den Genuss, kostbare Gewürze, edle Stoffe und goldenen Schmuck aus fernen Ländern erwerben zu können. Wer will schon ewig nur geschnitzte Holzlöffel aus dem Thüringer Wald kaufen.«

Die beiden jungen Männer lachten, ehe Thomas fortsetzte: »Außerdem habe ich nun drei Tage lang das Vergnügen, dir meine Stadt zeigen zu können. Und alle Wirtshäuser. Und die schönen Mädchen, die es hier gibt.«

»Das klingt gut«, meinte Michael. »Aber erst die Pflicht. Gleich muss ich wieder zu meinem Fuhrwerk, ich wollte nur kurz den Fluss begrüßen. So wie du.«

»Den Weg zur Waage hast du also schon geschafft«, sagte Thomas spöttisch. »Meine Hochachtung!«

»Ja, lästere nur«, stöhnte Michael. »Dieser Weg durch die schmale Waagegasse! Kaum breiter als das Pferdegespann. Und dort mit dem Fuhrwerk um die Kurve! Mich wundert, dass die Hauswände noch stehen und mein Fuhrwerk keinen Schaden genommen hat. Meine größte Sorge war, dass uns ein anderes Fuhrwerk entgegenkommt. Wie hätten denn unsere Pferde die Wagen wieder rückwärts aus der Gasse schieben sollen?«

»Keine Bange«, beruhigte Thomas den Freund. »Das kann nicht passieren. Die Fuhrwerke dürfen nur in einer Richtung in die Gasse einbiegen. Und ein Quartier musst du dir nicht suchen. Sei mein Gast! Ich wohne am Fischmarkt, gleich um die Ecke. Dort, wo die schönsten und größten Häuser der Stadt stehen. Die gehören natürlich Kaufleuten. Was wäre diese Stadt ohne uns Kaufleute! Nichts wäre sie! Erst wir haben sie so reich und berühmt gemacht. Nehmen wir nur mal das kostbare Waidpulver, mit dem Stoffe blau gefärbt werden. Das ist in vielen Ländern begehrt und Gold wert. Daran verdienen nicht nur wir Händler, auch die Stadt kassiert fleißig mit. Und weil wir so für die Stadt sorgen, steht es uns auch zu, in besseren Häusern zu wohnen als die einfachen Markthändler und Handwerker. Die können oft nicht einmal lesen, geschweige denn rechnen. Die meisten Leute sind eben dümmer als …«, er schaute kurz zu Erasmus herüber, »… ein Esel.«

Erasmus tat so, als hätte er das nicht gehört.

»Weil du gerade vom Rechnen sprichst: Ich muss zur Waage und überprüfen, ob alles richtig berechnet wurde. Doch vorher zeigst du mir, wo du wohnst. Dein Angebot nehme ich gern an.«

»Auf zum Fischmarkt. Gleich dort um die Ecke«, sagte Thomas. Gemeinsam machten sich die beiden jungen Männer auf den Weg.

»Na, der ist aber reichlich hochnäsig«, dachte Erasmus. »Aber wenn es wirklich so viele Menschen gibt, die nicht lesen können, bringe ich es ihnen bei! Was ich gelernt habe, können andere auch lernen.«

Er folgte den jungen Männern zum Markt. Dort könnte er vielen Leuten auf einmal verkünden, dass er sie das Lesen lehren wollte. Und als Lehrer könnte er sich seine Haferkörner und seine Mohrrüben verdienen. Leichter als mit dem Schleppen schwerer Säcke.

WIE ERASMUS DEN LEUTEN DAS LESEN BEIBRINGEN WOLLTE

Kaum war Erasmus auf dem Fischmarkt angelangt, wäre er beinahe mit den beiden jungen Männern zusammengestoßen. Sie waren im Gewimmel plötzlich stehen geblieben. Als sie den Esel bemerkten, fragte Michael: »Er verfolgt uns. Ist das deiner? Reist du nicht mit Pferden, sondern mit einem Esel in die fernen Städte?« Dabei grinste er spöttisch.

»Aber nein«, entgegnete Thomas. »Für solch schwere Fuhren braucht es schon kräftige Pferde. Die kannst du nachher bei uns im Stall bewundern. Keine Ahnung, wem dieser Esel gehört. Vermutlich irgendeinem Esel.«

Wieder lachten beide.

Erasmus knirschte mit den Zähnen. Doch dann dachte er: »Ich gehöre nur mir selbst.« Dieser Gedanke war neu für ihn, aufregend und interessant.

Nebenbei hörte er zu, was Thomas erzählte: »Hier siehst du unser ehrwürdiges Rathaus. Und dieser Platz ist der Fischmarkt. Hier kreuzen sich die wichtigsten Straßen, die durchs Land führen. Alle Fernhändler kommen hier entlang. Egal ob sie von Nord nach Süd oder von West nach Ost reisen. Hier gibt es alles, was man zum Leben braucht.«

Während Thomas weiter erzählte, ging Erasmus seiner Wege. Er wollte selbst erkunden, was es hier zu erleben gab. Jetzt, da er nur sich selbst gehörte.

Überall herrschte geschäftiges Treiben. Ein Schauen und Staunen, Wiegen und Wägen, ein Suchen und Fluchen, Prüfen und Probieren. An den Marktständen gab es Waren aus aller Welt und aus den umliegenden Dörfern: Brot und Rüben, grobes

Leinen und feine Seide, Eier oder gackernde Hühner, Salz, Gewürze, Töpfe, Krüge oder einen Käse. Und natürlich Fische!

Es gab so viel zu sehen, dass Erasmus vergaß, warum er eigentlich hergekommen war. Er stromerte zwischen den Marktständen umher. Da entdeckte er einen Apfel, der von einem Holzkarren auf die Erde gerollt war.

Während er genüsslich kaute, hörte er, wie sich zwei Männer stritten. Der eine fauchte den anderen an: »Die Stiefel kosten nicht zwei Heller, sondern zwei Schilling. Hier steht es geschrieben. Kannst du nicht lesen?«

»Nein, kann ich nicht«, entgegnete der andere in aller Seelenruhe. »Ist auch nicht nötig. Hauptsache, ich habe genug Geld für die Stiefel.«

Erasmus schluckte das letzte Apfelstück hinunter und näherte sich dem Mann, der gerade seine neuen Stiefel bezahlte und in einen Schnürbeutel packte.

»Oh, du armer Mensch!«, versuchte er zu sagen. »Ich kann dir helfen. Ich werde dich das Lesen lehren.«

Der Mann schaute auf, blickte verständnislos den schreienden Esel an und verschwand in der Menge.

Erasmus sah ihm grübelnd nach. Wenn dieser Mann seine Hilfe nicht in Anspruch nehmen mochte, wollten es vielleicht andere?

Er lief kreuz und quer über den Marktplatz und rief: »Alle mal herhören. Ich kann lesen und bringe es jedermann bei. Für ein bisschen Futter zum Lohn.«

Doch wohin er auch kam, schauten ihn die Leute verwundert an. Einige hielten sich sogar die Ohren zu. Niemand ging auf sein Angebot ein. Wollten die Menschen nicht klüger werden?

Da fiel es Erasmus wieder ein: Aus seinem Maul kamen keine Worte, wie die Menschen sie sprachen, sondern immer nur »Ia, ia«. Keiner konnte ihn verstehen!

Traurig ließ er den Kopf hängen. Er taugte wohl doch nicht zum Lehrer. Wo sollte er nun ein Quartier für die Nacht finden? Und wer würde ihn mit Futter versorgen?

Schweren Herzens beschloss er, zu seinem alten Leben als Lastenträger zurückzukehren. Irgendein Müller würde ihn gewiss in seinen Dienst nehmen.

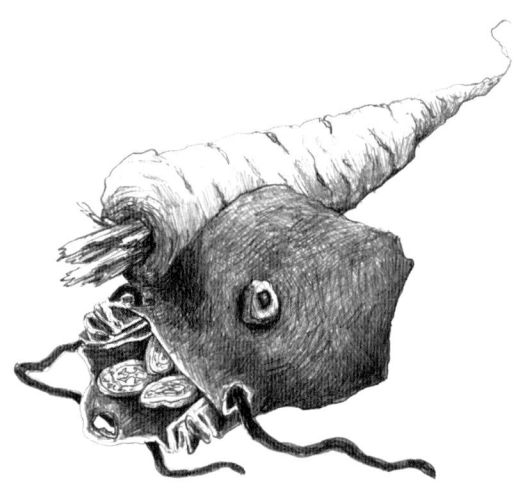

WIE ERASMUS SICH BEI EINEM MÜLLER VERDINGTE UND NACHTS DEN TIEREN DAS LESEN BEIBRINGEN WOLLTE

Erasmus trottete nachdenklich durch die Stadt. Sollte er zu dem Müller zurückkehren, für den er früher Mehlsäcke geschleppt hatte?

Lieber nicht. Das war ein mürrischer, jähzorniger Mann, der ihm nie genug zu fressen gab und oft genug mit Prügel gedroht hatte. Lieber wollte er sich einen neuen Dienstherren suchen. Mühlen gab es ja genug in der Stadt. Also gab es auch Müller in großer Zahl. Einer würde ihn aufnehmen, ganz gewiss.

Erasmus kam an einer Mühle unterhalb vom Petersberg vorbei. Er beschloss, es hier zu probieren. Mit dem Huf klopfte er an die Tür. Doch nichts tat sich. Er klopfte noch mehrmals und wartete.

Da wurde die Tür aufgerissen. Ein Mann mit hochrotem Kopf schaute heraus und schimpfte: »Wer wagt es, mich bei meinem Mittagsschlaf zu stören?«

»Ia«, entgegnete Erasmus erschrocken.

Der Müller starrte den geduldig wartenden Esel an. Dann trat er einen Schritt heraus auf die Gasse, schaute nach links, schaute nach rechts und flüsterte: »Nanu? Niemand da? Ein herrenloser Esel? Du kommst mir wie gerufen! Mein alter Esel taugt nicht mehr zum Säckeschleppen. Ein unnützer Fresser! Aber du bist jung und kräftig. Dich nehme ich in den Dienst. Wird mir ja keiner nachweisen können, dass ich dich jemandem geklaut habe. Ein Esel sieht doch aus wie der andere.«

Er betrachtete Erasmus genauer. »Hehe, irgendetwas ist anders an dir. Das eine Ohr hat eine schwarze Spitze, das andere eine weiße. Daran könnte man dich erkennen. Dann werde ich des Diebstahls bezichtigt und öffentlich an den Pranger gestellt. Mit Dieben geht man nicht zimperlich um. Hand ab, Kopf ab, zack, aus. Nein, zu gefährlich.«

Da trat seine Frau neben ihn und meinte: »Wir nehmen Ruß aus dem Herd, damit färben wir die Spitze schwarz. So wird ihn niemand als seinen eigenen Esel wiedererkennen.«

»Kluge Frau«, sagte der Müller und führte Erasmus in den Hof. Mit einer schwungvollen Handbewegung wies er auf das Haus, auf die Mühle, auf den Stall und erklärte: »Alles meins. Du darfst dich geehrt fühlen, für mich arbeiten zu dürfen. Für den edelsten Müller der Stadt!«

Erasmus sagte nichts. Er dachte nur: »Wieder so einer, der die Nase ein Stück zu weit oben trägt. Ob das wohl gutgeht mit uns beiden?«

Der Müller redete weiter: »Dies ist eine ganz besondere Mühle: vor Jahrhunderten mit königlicher Genehmigung von meinem Urururururgroßvater errichtet, einem Edelmann namens Erph. Dieser gute Mann betrieb nicht nur diese Mühle, er legte auch eine Furt durch den Fluss an. So konnten die Bauern, die in der Nähe wohnten, besser und leichter den Fluss durchqueren. Auch die durchreisenden Händler wählten diesen Weg über die vom Müller Erph angelegte Furt. Und allmählich wurde aus Erphs Furt der Name der Stadt: Erfurt. Nach meinem Urahn benannt. Da staunst du wohl, Weißohr!«

Wenn Erasmus hätte durch die Zähne pfeifen können, hätte er es jetzt gern getan. Was erzählte der Müller da? Die Stadt hatte ihren Namen von seinem Urahn bekommen? Da hatten doch vorhin die beiden jungen Händler etwas ganz anderes erzählt!

Was stimmte nun? Die Geschichte mit dem braunen Wasser des Flusses? Oder die mit dem Namen des Müllers?

»Vielleicht finde ich eines Tages die Wahrheit heraus«, überlegte Erasmus. »Und wenn nicht? Auch nicht schlimm! Ich mag Geschichten, selbst wenn sie nur ausgedacht sind. Aber ob ich diesen Müller mag, weiß ich noch nicht.«

Der Müller führte Erasmus in den Stall und stellte ihm einen kleinen Trog mit Futter hin.

Einen sehr kleinen Trog. Mit sehr wenig Futter.

Erasmus schaute betrübt darauf. Das fing gar nicht gut an: schwarz gefärbtes Ohr, wenig Futter.

»Mehr Futter gibt es nur, wenn du gehorsam bist und fleißig arbeitest«, sagte der Müller.

So schleppte Erasmus tagsüber wieder schwere Mehlsäcke und schlief nachts in dem engen Stall. Meistens tat er klaglos, was von ihm verlangt wurde. Aber manchmal dachte er daran, den Müller zu verlassen. Vor allem abends, wenn er versuchte, mit knurrendem Magen einzuschlafen.

Eines Nachts schreckte Erasmus aus dem Schlaf hoch. Was war das für ein Geräusch? Sägten da Einbrecher an der Mühle?

Erasmus verließ den Stall und schaute sich auf dem Hof um. Der helle Mond schien bis in die hintersten Winkel. Schlich dort irgendwo ein Dieb herum?

Es war niemand zu sehen, im ganzen Hof nicht. Aber das sägende Geräusch war noch immer zu hören.

Erasmus drehte seine Ohren in alle Richtungen. Der Sägeton kam direkt aus dem Schlafzimmer des Müllers. Der schnarchte so laut, dass die Wände wackelten.

Erasmus war beruhigt. Falscher Alarm, kein Grund zur Sorge. Eigentlich könnte er sich jetzt wieder aufs Ohr legen und weiterschlafen. Aber der Schreck saß ihm noch immer in den Knochen. Er würde so schnell nicht einschlafen können. Also beschloss er, sich heimlich im Haus des Müllers umzuschauen. Vielleicht fand er irgendwo eine kleine Möhre oder einen Apfel gegen seinen ewig großen Hunger.

Doch als er durch das Haus schlich, entdeckte er etwas anderes: Lesefutter! Mitten auf dem Tisch lag ein aufgeschlagenes Buch. Das helle Licht des Mondes fiel genau auf die Seiten mit den wunderbar vielen Buchstaben.

Erasmus jubelte leise. Er würde lesen, die ganze Nacht hindurch! Tagsüber würde es der Müller ihm sowieso nicht erlauben, so viel stand fest.

Kaum hatte er sich über das Buch gebeugt und die ersten Zeilen gelesen, sprang die Katze des Müllers auf den Tisch. Neugierig schlich sie um das Buch herum, Runde um Runde.

»Sie will bestimmt lesen lernen«, überlegte Erasmus. »Vielleicht gelingt mir bei ihr, womit ich bei den Menschen kein Glück hatte. Die Katze wird meine erste Schülerin!«

Feierlich hob er einen Huf, zeigte auf das erste Wort und sagte: »Ia.«

Die Katze entgegnete: »Miau.«

Erasmus schüttelte den Kopf und wiederholte langsam und deutlich: »Ii-aa.«

Die Katze wiederholte unbeirrt: »Miau.«

Erasmus wurde strenger und lauter: »Iii-aaa!«

Die Katze blieb bei: »Miau!«

Erasmus war enttäuscht. Die Katze verstand ihn auch nicht. Behutsam schob er sie vom Tisch, damit sie ihn nicht weiter beim Lesen störte. Doch kaum war die Katze verschwunden, kamen die Mäuse aus ihren Löchern und tanzten um das Buch herum, Runde um Runde.

»Ob sie mich verstehen?«, überlegte Erasmus und beschloss, einen letzten Versuch zu wagen. Wieder hob er den Huf, zeigte auf das erste Wort und sagte: »Ia«.

Die Mäuse piepsten durcheinander: »Fiep, fiep!«

»Hab ich's mir doch gedacht«, murmelte Erasmus in sich hinein. »Dann will ich jetzt das Buch für mich alleine haben. Husch, hinweg mit euch, ihr Mäuse!«

Bald war Erasmus ganz in das Buch vertieft. Er las so lange, wie das Licht des Mondes auf die Seiten fiel. Und als der Mond weitergewandert war, wanderte Erasmus in den Stall zurück und legte sich auf eins seiner beiden Ohren.

Vielleicht, so dachte er noch im Halbschlaf, würde er wieder vom Bücherberg träumen, und vielleicht würde er sogar erfahren, wo er ihn finden konnte.

Am nächsten Morgen, mitten im schönsten Schlaf, wurde Erasmus vom Müller geweckt: »He, steh auf, du Faulpelz! Soll ich die Säcke etwa mir selbst auf den Buckel laden? Du hattest die ganze Nacht Zeit zum Schlafen.«

»Nein, hatte ich nicht«, dachte Erasmus, »weil du so laut geschnarcht hast, Müller! Und faul war ich auch nicht, ich habe gelesen.«

Müde schleppte sich Erasmus durch den Tag. Der Müller nörgelte pausenlos an ihm herum. Schließlich kam er mit erhobenem Knüppel auf den Esel zu und schrie: »Geht das nicht ein bisschen schneller? Oder muss ich dir erst Beine machen?«

»Beine habe ich schon«, dachte Erasmus. »Ausreichend Beine, um endlich von hier zu verschwinden.« Er tauchte seinen Kopf tief in den Hafersack hinein, und mit dem Maul voller Körner verließ er die Mühle und den Müller für immer.

Auf Prügel hatte er wahrlich keinen Appetit.

WIE ERASMUS DAS MÄDCHEN MAGDALENA KENNENLERNTE UND VIELEN MENSCHEN IN NOT HALF

Esel Erasmus wanderte durch die Gassen der Stadt. Zupfte da ein Hälmchen, rupfte da ein Blatt, knispelte mit seinen starken Zähnen an der Rinde eines jungen Baumes. Mit gesenktem Kopf trottete er umher, immer auf der Suche nach etwas, womit er seinen ewig hungrigen Magen füllen konnte. Und so wäre er beinahe mit einem Mann zusammengestoßen, der gerade aus der Tür eines kleinen Hauses trat.

»Wen haben wir denn da?«, sagte der Mann. »Du kommst mir wie gerufen! Oder gehörst du jemandem?«

»Ich gehöre nur mir«, wollte Erasmus antworten. Doch er brachte nur das übliche »Ia, ia« heraus.

Der Mann schaute die Gasse hinauf, er schaute die Gasse hinab, dann sagte er: »Es scheint so, als würde niemand nach dir suchen. Einen Lastenträger wie dich könnte ich heute gut gebrauchen. Ich bin Leineweber. Ich will einen Ballen Leinenstoff zum Markt bringen und verkaufen. Doch weil meine Tochter Magdalena fleißig geholfen hat, ist der Stoffballen so groß und schwer geworden, dass ich ihn gar nicht allein tragen kann. Wie sieht es aus, Grauer? Hilfst du mir?«

Erasmus antwortete nicht. Aber in seinen Blick legte er die große Bitte um ein kleines bisschen Futter. Der Mann schaute erst verwundert, doch dann ahnte er, was der Esel wollte. Er trat ins Haus und rief: »Magdalena! Eile dich! Komm her und bring eine Mohrrübe mit. Wirst gleich sehen, warum!«

Schon trat ein junges Mädchen aus dem Haus, mit einer Mohrrübe in der Hand.

»Sieh nur, Lenchen, uns ist ein Esel zugelaufen. Einen freien Stall hätten wir auch für ihn.«

Ein Stall für die Nacht? Das klang gut. Dafür war Erasmus gern bereit, beim Tragen zu helfen, zumal das Mädchen ihn allerliebst anlächelte und ihm die Mohrrübe hinhielt.

Sie streichelte Erasmus übers Fell und sagte: »Es wäre gut, wenn du uns beim Tragen hilfst. Wir bringen unseren Stoff zum Markt. Wollen wir hoffen, dass viele Leute ein Stück davon kaufen. Dann hätten wir endlich wieder Geld für ein Brot. Das wäre bitter nötig. Den ganzen Tag habe ich nichts gegessen außer einer dünnen Mehlsuppe.«

Wie zum Beweis knurrte ihr Magen, und der Magen ihres Vaters antwortete darauf mit noch lauterem Knurren.

»Nicht weglaufen, Esel«, bat der Mann.

Vater und Tochter gingen ins Haus und kamen mit einem Ballen Stoff heraus. Den packten sie dem Esel auf den Rücken.

»Auf geht's«, sagte der Leineweber.

Erasmus drehte sich um. Ob Magdalena mit zum Markt kommen würde? Sie gab ihm einen kleinen Klaps aufs Hinterteil und sagte: »Trab los, mein Eselchen!«

Da wuchs in Erasmus etwas, das sich wie Glück anfühlte. Dieses Mädchen gefiel ihm gar zu gut. Gern wäre er für immer bei ihr geblieben. Doch wie sollte er ihr das sagen?

Nun schleppte er erst einmal den Stoffballen zum Markt. Dort luden ihn Magdalena und ihr Vater auf einen Verkaufstisch.

Magdalena rief: »Kauft, Leute! Feines, reines Leinen. Für Hemden und für Wäsche.« Ihr Vater ergänzte: »Besseres Leinen findet ihr in der ganzen Stadt nicht. Meine fleißige Tochter versteht zu weben wie keine andere.«

Doch kein Mensch blieb bei ihnen stehen. Manch einer schaute zwar auf den Stoff, als hätte er gern etwas davon. Aber niemand, wirklich niemand, kaufte ein Stück.

»Das gibt es doch nicht!«, stöhnte der Weber.

»Es ist, weil die Leute ihr letztes Geld für Brot hergeben müssen«, sagte Magdalena. »Von Tag zu Tag wird es teurer.«

»Das Unwetter im vergangenen Jahr hat großes Unglück über uns gebracht«, klagte der Vater. »Als das Getreide reif war für die Ernte, prasselten Regen und Hagel auf die Felder hernieder. Fast die gesamte Ernte war verloren. Die Kornspeicher der Stadt sind nahezu leer. Nur die reichen Leute können sich das teure Brot noch leisten. Unsereiner schafft es nur alle paar Tage, sich ein Stück zu kaufen. Und ganz und gar die Bettler … für die bleibt nichts mehr.«

So unterhielten sich Vater und Tochter. Erasmus stand daneben und hätte ihnen so gern geholfen. Er hätte sie wenigstens gern getröstet. Aber er wusste nicht, wie.

Am Nachmittag standen sie noch immer am Verkaufstisch. Nicht einen einzigen Meter Stoff hatten sie verkauft. Da läutete das Marktglöckchen, das bedeutete: Für heute war der Markt beendet.

Schweren Herzens luden Vater und Tochter den Stoffballen wieder dem Esel auf den Rücken. Und nun trotteten alle drei mit hängenden Köpfen nach Hause.

Magdalena führte Erasmus in einen Stall. Der war klein, aber kein Wind blies durch irgendwelche Ritzen. Sie sagte: »Wir teilen uns eine Mohrrübe. Das muss für heute genügen.«

Sie biss einmal ab und hielt Erasmus den Rest hin. Der schüttelte leicht den Kopf.

»Ich glaube, ich verstehe dich, Eselchen.« Sie biss noch einmal ab. Erst dann nahm Erasmus den Rest.

»So ist es recht«, sagte Magdalena. »Ich habe schon immer geteilt. Wie oft habe ich Bettlern ein Stücklein Brot gegeben. Aber nun haben wir selbst nichts mehr zu beißen. Und wenn niemand unser Leinen kaufen kann, müssen auch wir bald betteln gehen.«

Erasmus legte seinen Kopf auf Lenchens Schulter, das Mädchen strich ihm sachte über die Ohren.

»Kopf hoch, Eselchen! Ich werde nachher zur Jungfrau Maria beten. Ich werde sie bitten, uns zu helfen. Das große Hungern muss ein Ende haben!«

»Ia«, sagte Erasmus, dann legte er sich zum Schlafen nieder.

Am nächsten Morgen kam Magdalena aufgeregt zu Erasmus und rief: »Eselchen, wach auf! Ein Wunder ist geschehen! Gestern Abend habe ich die Jungfrau Maria angefleht, uns aus unserer Not zu helfen. Kaum war ich eingeschlafen, erschien sie mir im Traum. Sie gab mir eine kleine Tasche mit drei Goldstücken darin. Dann segnete sie mich und war augenblicklich verschwunden. Doch als ich eben aufwachte, lag neben meinem Kopfkissen diese kleine Tasche hier!«

Magdalena hielt einen kleinen Beutel in die Höhe und schüttelte ihn, dass es darin klimperte. Flink holte sie drei Goldstücke heraus und streckte sie Erasmus entgegen.

»Da, schau, drei goldene Taler! Damit gehe ich zum Bäcker und kaufe so viel Brot, wie er mir für einen Taler gibt. Das verteilen wir an arme Leute. Hilfst du mir?«

Erasmus ließ ein freudiges »Ia« hören. Magdalena holte zwei Körbe, die mit einem Strick verbunden waren. Die hängte sie dem Esel um.

Der Bäcker staunte nicht schlecht, als er den goldenen Taler sah. Er füllte die beiden Körbe randvoll mit Brot. Magdalena brach ein Stück Brot ab und hielt es Erasmus hin. Dann nahm sie sich auch ein Stück.

Mit den vollen Körben zogen sie durch die Stadt. Überall, wo sie hungrige Menschen sahen, reichte das Mädchen ein Stück Brot hin.

Am nächsten Morgen kam Magdalena noch aufgeregter zu Erasmus und rief: »Stell dir vor, Eselchen: Als ich vorhin in meinen Beutel schaute, steckten drei Goldstücke darin. Habe ich gestern etwa vergessen, den Bäcker zu bezahlen?«

Erasmus konnte die Frage nicht beantworten. Er hatte ja vor der Backstube gewartet.

»Ich habe große Schuld auf mich geladen«, klagte Lenchen. »Ich muss zum Bäcker eilen, muss ihm den Taler geben. Und für den zweiten Taler kaufen wir heute wieder Brot für die Ärmsten der Armen. Bitte begleite mich. Dann fürchte ich mich nicht, falls der Bäcker mir zürnt.«

Doch wie erstaunt war Magdalena, als der Bäcker ihr erklärte, sie hätte am Vortag alles bezahlt. Da begriff sie, was es mit dem Geschenk der Jungfrau Maria auf sich hatte.

Tag für Tag waren Magdalena und Erasmus nun gemeinsam unterwegs und versorgten Arme und Kranke, Kinder und Alte mit Brot. Und immer war am nächsten Tag die kleine Tasche auf wundersame Weise mit drei Goldtalern gefüllt.

Endlich war das Getreide auf den Feldern reif. Kein Unwetter hatte es vernichtet. Die Kornspeicher füllten sich, die Müller hatten alle Hände voll zu tun, das Getreide zu Mehl zu mahlen. Die Bäcker arbeiteten mehr als fleißig, um Brot für alle Leute der Stadt zu backen.

Da sagte Magdalena zu Erasmus: »Lieber Esel, nun trennen sich unsere Wege. Meine goldenen Taler werden nicht mehr für Brot gebraucht. Ich will in ein Kloster gehen, lesen lernen und Nonne werden. Ich will lernen, wie man kranke Menschen heilt. Vielleicht sehen wir uns eines Tages wieder. Mit den goldenen Talern möchte ich eine kleine Kapelle bauen lassen. Da braucht es kräftige Esel, die die Karren mit Steinen für das Mauerwerk heranschleppen.«

»Ia«, sagte Erasmus. Mehr nicht. Er war traurig, sich von Lenchen zu verabschieden. Aber er war voller Hoffnung, sie eines Tages wiederzusehen.

Und tatsächlich traf er sie einige Zeit später an einer Baustelle mitten in der Stadt. »Esel, lieber Esel«, rief sie, »schau her, hier wird die kleine Kapelle errichtet.«

»Ia«, rief Erasmus und ließ sich vor einen Karren spannen, mit dem er nun eifrig Steine zur Baustelle brachte. Es dauerte gar nicht lange, bis die Magdalenenkapelle fertig war.

»Danke für alles«, sagte Magdalena und schlang die Arme um den Hals des Esels. »Nun werde ich bald eine richtige Nonne sein. Geh du deiner Wege. Und vergiss mich nicht, so wie auch ich dich nicht vergessen werde.«

Erasmus legte für einen Moment seinen Kopf auf Lenchens Schulter, dann drehte er sich um und ging seiner Wege.

WIE ERASMUS EINEN SCHRECKLICHEN TAG ÜBERLEBTE

»Pst!«

Erasmus graste am Ufer der Gera, als er dieses »Pst!« hörte. Sofort stellte er die Ohren auf und schaute sich um.

Aus dem Badehaus gleich neben dem Fluss war gerade ein Mann gekommen, ihm hingen noch ein paar Wassertropfen im Bart und in den Haaren. Ein anderer Mann trat auf ihn zu und sagte: »Lieber Kalman von Wiehe, ich hatte gehofft, Euch hier zu treffen. Ihr wart lange auf Reisen. Da wurde es wohl höchste Zeit für ein gründliches Bad.«

»Lieber Meister Albrecht, es ist nicht nur der Staub der weiten Reise, den ich mir abgespült habe. Wir Juden besuchen die Mikwe aus einem anderen Grund: Hier können wir von Kopf bis Fuß in lebendiges Wasser eintauchen.«

»Lebendiges Wasser?«

»Ja! Durch das Becken der Mikwe fließt das Wasser der Gera. Wenn wir in frisches, lebendiges Wasser eintauchen, reinigen wir uns nicht nur äußerlich, sondern auch innerlich. Auf meinen langen Handelsreisen kann ich dieses Ritual nicht überall pflegen. Aber hier in Erfurt nutze ich das Bad ausgiebig. Hier spüle ich all das von mir ab, was nicht zu meinem Leben und zu meiner Religion gehört.«

»Auch wenn wir Christen diese Tradition nicht kennen, glaube ich gern, dass Ihr Euch nun besser fühlt. Allerdings bin ich nicht gekommen, um mit Euch über äußere und innere Reinheit zu plaudern. Ich muss Euch warnen. Ich fürchte das Schlimmste für Euch und für alle jüdischen Familien!«

Kalman von Wiehe strich sich nachdenklich über den Bart, ehe er flüsterte: »Ich ahne, wovon Ihr sprecht. Auf meiner Reise habe ich gehört, welch fürchterliche Dinge sich in anderen Städten ereignet haben. Leute rotten sich zusammen, vertreiben die jüdischen Familien oder töten sie gar. Aber hier in Erfurt leben doch christliche Handwerker und jüdische Händler Haus an Haus in guter Nachbarschaft.«

»Das war bisher so, verehrter Kalman. Ich fürchte, es wird nicht so bleiben. Die Pest zieht durchs Land, tötet innerhalb kürzester Zeit unzählige Menschen. Am Morgen noch das blühende Leben, am Abend schon vom Schwarzen Tod hinweggerafft. Niemand weiß, woher diese schreckliche Krankheit kommt und wie man sich davor schützen kann.«

»Lieber Meister Albrecht, Eure Sorgen in Ehren, aber in Erfurt gibt es derzeit keinen einzigen Fall dieser Krankheit. Und überhaupt: Was hat das mit uns Juden zu tun?«

»Dass wir im Moment vom Schwarzen Tod verschont sind, weiß ich wohl. Doch wie schnell kann sich das ändern? Die Angst bläst den Leuten schauerliche Gedanken ins Gehirn. Überall in der Stadt verbreitet sich das Gerücht, an der Pest seien die Juden schuld.«

Kalman von Wiehe schüttelte empört den Kopf. »Wir sollen daran schuld sein? Welch ungeheuerliche Behauptung!«

Meister Albrecht hob entschuldigend die Hände, ehe er sagte: »Es wird getuschelt, die Juden vergiften Brunnen und Flüsse, um die christliche Bevölkerung zu töten.«

»Aber …«, unterbrach Kalman ihn, doch Meister Albrecht sprach weiter: »Ich weiß, was Ihr sagen wollt: Vergiftetes Wasser würde alle Menschen töten, auch Euch.«

»Genau. Warum sollten wir so etwas tun?«, fragte Kalman.

Meister Albrecht entgegnete: »Die Stadt ist voller Unruhe. Es gibt bittere Not und Armut. Niemand weiß, was die Zukunft bringen wird. Die Pest rückt näher, in Süddeutschland sind schon halbe Städte ausgestorben. Die Leute suchen einen Sündenbock dafür. Sie suchen jemanden, dem sie die Schuld in die Schuhe schieben können. Ich fürchte, da braut sich etwas Schreckliches zusammen. Wenn ich Euch einen Rat geben kann: Flieht aus dieser Stadt.«

»Aber wohin denn?«, fragte Kalman. »Ich lebe gern hier, bin hier verwurzelt. Von Erfurt aus lässt sich gut Handel treiben, bis in ferne Länder. Ohne diese Arbeit wäre ich nichts. Auch die Stadt hat einen Nutzen davon, mit meinen Abgaben fülle ich eifrig das Steuersäckel. Außerdem stehen wir unter dem Schutz des Stadtrates.«

»Glaubt mir, ich wünsche nichts sehnlicher, als dass wir weiterhin friedlich nebeneinander und

miteinander leben. Aber ich fürchte, der Stadtrat kann seine schützende Hand nicht mehr lange über Euch halten.«

»Habt Dank«, sagte Kalman von Wiehe. »Auch wenn es keine guten Nachrichten sind.«

Die beiden Männer verabschiedeten sich rasch voneinander. Erasmus stieß einen leisen Klagelaut aus. Er bereute es, seine Ohren so neugierig aufgestellt zu haben. Was er eben zu hören bekam, hätte er lieber nicht gehört.

Würde es wirklich so schlimm werden? Konnte er irgendetwas tun? Voller Sorge lief er durch die Stadt und vergaß beinahe, Futter zu suchen.

Immer wieder hörte er, wie jemand dieses grässliche Wort tuschelte: Brunnenvergifter. Einmal traf Erasmus auf eine Meute grimmig blickender Männer. Wieder flüsterte es einer den anderen zu: Brunnenvergifter. Da nahm Erasmus Anlauf und stieß so heftig gegen diesen Mann, dass der im Straßendreck landete.

»Da habt ihr den Beweis«, rief der am Boden Liegende und rappelte sich wieder auf. »Das Wasser ist vergiftet. Selbst die Tiere sind tollwütig davon. Die Pest wird nicht mehr lange auf sich warten lassen. Vielleicht sind wir schon morgen dran. Und damit das nicht passiert, müssen wir die Juden aus der Stadt vertreiben.«

»Vertreiben? Damit sie in anderen Städten die Brunnen vergiften?«, fragte einer aus der Runde unsicher.

»Glaubt ihr wirklich, dass sie das tun?«, fragte ein anderer mit leisem Zweifel in der Stimme. Doch die Blicke der Meute ließen die beiden verstummen.

Erasmus stand ratlos da. Was konnte er tun? Was konnte er bloß tun?

Er wusste es nicht. Mit hängendem Kopf trottete von dannen. Am liebsten hätte er sich die Ohren zugestopft oder wäre aus der Stadt geflohen.

Doch es war längst zu spät. Noch am selben Tag hallte lautes Geschrei durch die Stadt, Geschrei von Männern, die sich mit Lanzen, Knüppeln und Äxten bewaffnet hatten. Sie drangen in die Häuser der jüdischen Familien ein und erschlugen, wen sie fanden: Männer, Frauen, Kinder. Sie plünderten die Wohnungen und nahmen mit, was sie an Gold, Silber, Geld und Schmuck zusammenraffen konnten.

In höchster Not rannte Erasmus hin und her. Er versuchte, die wild gewordene Meute aufzuhalten, stellte sich tapfer vor manche Haustür, verteilte Fußtritte, so viel er nur konnte. Doch mit ihren Lanzen und Knüppeln waren die mörderischen Haufen stärker als er. Sie schlugen auf ihn ein, stießen ihn beiseite, brachen die Türen auf, stürmten in die Häuser, mordeten, raubten, zerstörten, legten Feuer. Niemand konnte ihnen entkommen. Niemand konnte sich retten.

Am Abend dieses Tages senkte sich eine erdrückende Stille über die Stadt. Erasmus fühlte sich am Ende seiner Kräfte. Wie sollte, wie konnte er ertragen, was er heute miterleben musste?

Ganz von allein führten ihn seine Schritte zum Ufer der Gera. Er wäre jetzt gern im lebendigen, fließenden Wasser untergetaucht, um all das von sich abzuspülen, was dieser Tag mit sich gebracht hatte. Aber Erasmus wusste auch: Dieses schreckliche Morden und Brennen würde er nie mehr aus seiner Erinnerung löschen können. Mit keinem Wasser der Welt.

WIE ERASMUS FÜR EINE WEILE IM BÜCHER-PARADIES LEBTE

Erasmus streunte durch die Stadt. Er schaute in die niedrigen Fenster der Häuser hinein. Er blickte durch geöffnete Türen und Tore. Wartete da irgendwo ein neues Abenteuer?

Während er einen Huf vor den anderen setzte, näherte er sich zwei ehrwürdigen Herren, die eifrig miteinander redeten. Beide trugen lange, schwarze Mäntel und sahen sehr klug aus. Wie die Professoren, die ihn einst für Till Eulenspiegel ausgewählt hatten.

Erasmus blieb wie zufällig in der Nähe der Männer stehen.

»Verehrter Professor Amplonius«, sagte der eine, »es ist eine große Ehre für unsere Stadt, dass Ihr nach Erfurt gekommen seid. Eure Bücher sind eine vortreffliche Sammlung und ein kostbarer Schatz. Mehr als 600 Bände, lauter seltene und wertvolle Handschriften! Die größte Sammlung, von der ich je gehört habe. Dieser Schatz muss gut gehütet werden!«

»Ja«, entgegnete der Mann namens Amplonius, »und Pflege brauchen die Bücher auch. Sonst werden sie vom Staub der Zeit zugedeckt und geraten in Vergessenheit.«

Erasmus lauschte mit hoch aufgestellten Ohren. Hatte er richtig gehört? Sprachen die beiden über Bücher? Über viele Bücher?

»Ich brauche dringend einen Gehilfen«, fuhr Amplonius fort, »einen, der die Bücher genauso liebt wie ich.«

Kaum hatte Erasmus diese Worte vernommen, schrie er: »Ia, ia!« Dabei vollführte er außergewöhnliche Sprünge, warf die Hufe in die Höhe und peitschte mit dem Schwanz durch die Luft. Er musste diesen Amplonius unbedingt auf sich aufmerksam machen!

Und es gelang. Fasziniert beobachtete Amplonius den Esel, um zu verstehen, was der mit seinem »Ia« sagen und mit seinen Sprüngen ausdrücken wollte. Als sich die beiden prüfend in die Augen blickten, war die Neugier aufeinander groß. Amplonius beschloss, den Esel mit nach Hause zu nehmen.

Dort wurden die beiden von Kunigunde empfangen, der Frau von Amplonius. Doch anstatt Erasmus mit leckeren Haferkörnern willkommen zu heißen, schimpfte und keifte sie: »Amplonius, du alter Narr! Was soll denn diese Eselei? Soll ich jetzt etwa für zwei Esel sorgen?«

Amplonius und Erasmus ließen sich von diesem Gezeter nicht aus der Ruhe bringen. Sie schwiegen würdevoll. Der Gelehrte führte Erasmus wie einen hohen Gast durch sein Haus. Alles, was der Esel sah, entlockte ihm ein freudiges »Ia«. Doch als sie die Studierstube betraten, blieb er stumm stehen. Wie vom Blitz getroffen, wie vom Donner gerührt. Hier gab es Bücher über Bücher! Und hätte er reden können, so hätte er gesagt: »Hier will ich bleiben bis ans Ende meiner Tage. Das sind die Bücher, von denen ich immer geträumt habe.«

Amplonius mochte das friedliche Tier an seiner Seite. Schnell hatte er begriffen, wie gut es dem Esel hier gefiel. Schon bald wunderte er sich nicht mehr darüber, dass sich Erasmus eifrig über die aufgeschlagenen Bücher beugte und zu lesen schien. Und so studierten die beiden gemeinsam, was in den Büchern geschrieben stand.

Amplonius schob dem Esel ein Buch nach dem anderen hin und sagte: »Hier, lies das auch mal.« Und Erasmus zeigte zuweilen mit dem Huf auf eine Seite und sagte: »Ia.« Dann las der kluge Mann die Stelle, strich sich über den Bart und murmelte: »Interessant! Höchst interessant! Das muss ich mir unbedingt merken.«

Nur Kunigundes Gezeter unterbrach dann und wann die Ruhe.

Einmal kam sie in die Studierstube gepoltert und schimpfte: »Eselsohren! Ich sehe nur noch Eselsohren! Bald werden die Bücher voll davon sein. Die kostbaren Bände sind viel zu schade für einen Esel. Er wird sie verknicken, zerdrücken, beflecken und verdrecken.«

»Beruhige dich, meine Liebe«, entgegnete Amplonius sanft. »Schau, was er kann!«

Sogleich führte Erasmus vor, wie er mit der Quaste seines Schwanzes den Staub von den Büchern wischte. Kunigunde hüstelte ein bisschen und war versöhnt. In der Studierstube musste sie nun nie mehr den Staubwedel schwingen.

Es gab noch einen weiteren Grund, dem Esel dankbar zu sein.

Eines Nachts, während Amplonius und Kunigunde in ihrem Bett schlummerten, hörte Erasmus ungewöhnliche Geräusche im Haus: dumpfe Schritte, das Knarzen der hölzernen Treppe, Türenknarren. So leise wie möglich folgte er den Geräuschen hinauf in die Studierstube.

Dort packte ein wildfremder Mann die wertvollsten Bücher in einen groben Beutel. Mit lautem »Iaa! Iaaa!« schrie Erasmus um Hilfe. Gleichzeitig drängte er den Dieb in eine Ecke, aus der er nicht entkommen konnte.

Amplonius eilte im Nachthemd herbei und nahm den Dieb gefangen. Kunigunde, vom Geschrei des Esels aus dem Schlaf gerissen, wollte gleich wieder schimpfen. Doch als sie begriff,

dass es Alarm in höchster Not gewesen war und Erasmus den Bücherschatz gerettet hatte, schloss sie den Esel endlich in ihr Herz.

So lebten Professor Amplonius und der Esel Erasmus in verständnisvoller Gemeinschaft. Erasmus konnte nach Herzenslust lesen, ganze Berge von Büchern.

»Tolle Geschichte mit uns beiden«, sagte Amplonius von Zeit zu Zeit. Dabei kraulte er dem Esel liebevoll die Ohren, mit der schwarzen und mit der weißen Spitze.

Doch eines Tages verkündete Amplonius: »Mein Freund, Kunigunde und ich werden die Stadt verlassen. Meine Bücher bleiben hier, ich schenke sie der Universität. Die Studenten sollen sie fleißig studieren. Allerdings wird man dich nicht mehr in ihrer Nähe dulden. So leid es mir tut: Nicht nur wir müssen uns trennen, du musst dich auch von den Büchern verabschieden.«

Erasmus brachte keinen Ton heraus. Wehmütig ließ er seinen Blick über die Regalreihen wandern.

Da breitete sich ein Lächeln im Gesicht des Professors aus. »Vielleicht«, sagte er, »vielleicht findet sich eines Tages jemand, der unsere Geschichte aufschreibt und ein Buch daraus macht. Als Held eines Buches wärst du unsterblich. Immer, wenn jemand das Buch aufschlägt, würdest du deine Abenteuer aufs Neue erleben. So könntest du dich auch wieder in meiner Bibliothek einquartieren. Wäre das nicht wunderbar?«

»Ia, ia«, rief Erasmus voller Freude.

Die beiden verabschiedeten sich voneinander. Erasmus beschloss, unbedingt noch viele Abenteuer zu erleben, die später in dem Buch über ihn erzählt werden konnten.

WIE ERASMUS EINEN VERBRECHER JAGTE, ABER NICHT DIE GANZE STADT RETTEN KONNTE

Tag für Tag stromerte Erasmus durch die Stadt, auf der Suche nach Futter und nach neuen Geschichten. Manche Geschichten bekam er nur zu hören, andere erlebte er mit eigenen Augen. Und mit eigenen Nüstern. Oft schnüffelte er nur kurz in der Luft – schon witterte er ein neues Abenteuer. Oder gar eine Geschichte, in der er mitspielen konnte.

Eines Tages, auf seinem Weg durch die Stadt, war er schlagartig alarmiert. Es roch nach Feuer! Nach gefährlichem, gefräßigem, alles verschlingendem Feuer!

Immer wieder passierte es: Aus dem Herd sprang ein winziger Funke. Oder eine brennende Kerze fiel unbemerkt um. Ganz klein begann so ein Feuer. Doch rasend schnell breitete es sich aus, fraß sich durch die Balken des Hauses, griff über aufs nächste Haus, von dort aufs übernächste. Und wenn der Wind blies, stand bald die gesamte Straße in Flammen. Viel zu oft sanken ganze Stadtviertel in Schutt und Asche.

Nein, das wollte Erasmus nicht schon wieder erleben. Aber der Brandgeruch bohrte sich überdeutlich in seine Nase. Er musste helfen! Musste retten, was zu retten war. Vor allem musste er die Menschen warnen, die ahnungslos in ihren Häusern beschäftigt waren.

Doch in welche Richtung sollte er laufen? Das Feuer schien von allen Seiten zu kommen. Erasmus überlegte nicht lange, er galoppierte Hals über Kopf los. Irgendwo musste er anfangen zu suchen.

Kaum war er um die Ecke gebogen, sah er es: An einem Haus züngelte Feuer empor. Mutig versuchte Erasmus, die Flammen auszutreten. Gleichzeitig schrie er, so laut er nur konnte, sein »Ia« die Gasse entlang.

Über ihm riss ein Mann das Fenster auf und brüllte: »Ruhe da unten! Was soll der Lärm?«

Erasmus aber schrie unbeirrt weiter. Und nun schrie auch der Mann: »Feuer! Es brennt! Heraus, ihr Leute! Zu Hilfe!«

Aus etlichen Häusern stürzten Menschen heraus, mit Eimern voll Wasser. Gemeinsam kämpften sie gegen das Feuer.

Bald war es geschafft: Die Flammen waren erstickt, ehe sie größeren Schaden anrichten konnten. Froh und erleichtert lief Erasmus weiter.

Doch ein paar Straßen weiter roch es schon wieder nach Feuer! Auch hier schrie Erasmus die Leute aus den Häusern heraus. Sofort eilte er weiter, denn inzwischen hörte er das Prasseln und Knistern der Flammen von allen Seiten näher rücken. Egal in welche Richtung er lief, überall tobte das Feuer. Und überall versuchten Menschen, ihre Häuser zu retten.

Für manches Gebäude war es längst zu spät. Ganze Familien standen vor ihren lichterloh brennenden Häusern. Nichts war ihnen geblieben als die Kleider, die sie auf dem Leib trugen. Kinder wimmerten, Frauen weinten, Männer standen stumm und starrten schreckensbleich in das tobende Feuer.

Immer weiter lief Erasmus, immer größer wurde sein Entsetzen darüber, was innerhalb kurzer Zeit aus dieser schönen Stadt geworden war: ein einziger Schutthaufen. Sogar den Dom hatte es erwischt, der Glockenturm stand in Flammen.

Fassungslos irrte Erasmus durch die Gassen und Straßen. Da entdeckte er einen Mönch mit einer Fackel in der Hand. Was nun geschah, war ungeheuerlich: Der Mönch hielt die Fackel an ein Strohbündel. Kaum hatte das Stroh Feuer gefangen, warf es der Mönch an eine hölzerne Tür. Sofort begannen die Flammen, sich durch die Tür ins Innere des Hauses zu fressen.

Erasmus stürzte auf den Mann zu, stieß ihn mit einem Hieb seines Kopfes beiseite und versuchte, die Flammen auszutreten. Der Mönch raffte sein bodenlanges Gewand und rannte davon. Erasmus zertrampelte in allergrößter Eile das Feuer. Als er keine Glut mehr in der Nähe der Tür sah, lief er dem Brandstifter hinterher. Der floh im Zickzack durch die Gassen, doch Erasmus folgte ihm.

Bis an den Rand des Waldes lief der Mönch. Von einer Anhöhe blickte er auf die Stadt herab und rief: »Ach, wie schön die Flammen tanzen! Hätte ich doch das Feuer noch an viel mehr Stellen legen können!«

Da raste Erasmus mit gesenktem Kopf auf ihn zu. Der Mönch wollte fliehen. Er rannte ein paar Schritte, verheddert sich in seiner langen Kutte und stürzte zu Boden.

Erasmus stellte einen Huf auf den Rücken des Mannes und rief sein »Ia!« weit in die Gegend. Er hoffte, irgendwer würde kommen und den Bösewicht gefangen nehmen.

Der Mönch wollte sich schleunigst wieder aufrappeln. Er versuchte alles, um sich aus seiner misslichen Lage zu befreien. Da stellte Erasmus ihm beide Vorderhufe auf den Rücken.

Und so fanden alsbald ein paar Männer den frevelhaften Mönch: noch immer am Boden liegend, unter den Hufen des Esels.

Sie fesselten ihn und führten ihn ab. Erasmus folgte ihnen.

Unterwegs rief der Mönch: »Wie schade, dass nicht auch noch das Peterskloster abgebrannt ist. Da würde ich umso lieber sterben.« Denn dass man ihn zum Tode verurteilen würde, das war ihm und allen anderen längst klar.

Schon am nächsten Tag wurde vor der Stadt ein Scheiterhaufen errichtet, auf dem der Mönch den Feuertod sterben sollte. Mit Stricken gefesselt, wurde er dorthin geführt. Am Himmel kreiste eine Schar Raben direkt über ihm. Der Mönch blickte hinauf, lachte wie irre und rief: »Da kommen meine lieben Engel, die wollen mich holen!«

Kaum stand er oben auf dem Holzstoß, züngelten unter ihm die ersten Flammen. Erasmus verließ das grausige Schauspiel. Von Feuer hatte er die Nase gestrichen voll.

Lange dauerte es, die Stadt wieder aufzubauen. Aber sie erstand schöner als zuvor. Viele Häuser wurden nun aus Stein gebaut, damit sie nicht so schnell wieder ein Opfer der Flammen werden konnten.

Zum Glück führte die Krämerbrücke schon seit längerer Zeit über steinerne Brückenbögen. Denen konnte das Feuer nichts anhaben. Aber die kleinen Händlerbuden aus Holz, die bisher auf der Brücke gestanden hatten, waren abgebrannt. Sie wurden nicht erneuert. Stattdessen wurden richtige Häuser gebaut, mit kleinen Läden im Erdgeschoss und mit Platz zum Wohnen in den Stockwerken darüber.

»Sie hätten noch einen Stall für mich bauen können. Ein Stall direkt über dem Fluss hätte mir gefallen«, dachte Erasmus gelegentlich, wenn er auf seinem Lieblingsplatz gleich neben der Krämerbrücke rastete und die neuen, schönen Fachwerkhäuser bewunderte.

WIE ERASMUS DIE GEBURT EINER GANZ BESONDEREN GLOCKE ERLEBTE

Erasmus schlenderte über den Domplatz, zwischen den Marktständen hindurch, auf der Suche nach Futter. Plötzlich blieb er stehen und schnüffelte in der Luft. Irgendwie roch es heute anders!

Sonst roch es hier nach frischem Gemüse, das die Bauern aus den umliegenden Dörfern zum Kauf anboten. Es roch nach Abfall, der zum Himmel müffelte. Hinzu kam noch der Gestank der Waidpflanzen, die ringsum auf den Dachböden langsam vergammelten und zu kostbarem Waidpulver verarbeitet wurden. All das ergab eine Geruchsmischung, die Erasmus das Gefühl gab: Hier bist du zu Hause.

Doch heute roch es … aufregend! Erasmus drehte sich suchend im Kreis.

Ganz in der Nähe unterhielten sich ein Bauer und eine Handwerkersfrau. Die Frau wählte aus dem Angebot von Rüben, Zwiebeln und Lauchstangen, was sie für ihre Küche brauchte. Nebenbei plapperte sie unentwegt von einer neuen Glocke, die gegossen werden sollte. Für den Dom! Groß und mit mächtigem Klang, der noch in den Dörfern ringsum zu hören sein würde. Oben auf dem Domberg sollte der Guss erfolgen, gleich neben Dom und Severikirche.

»Dort, wo die Heiligen begraben sind?«, fragte der Bauer. »Ist das denn nicht Frevel?«

»Ist es wohl«, entgegnete die Frau. »Doch der viel größere Frevel ist, dass ein Fremder die Glocke gießen soll! Ein Holländer namens Gerhard van Wou. Als ob wir nicht genügend Glockengießer in der Stadt hätten. Mein Mann ist einer dieser hervorragenden Meister. Bisher war er immer gut genug,

Glocken für andere Kirchen der Stadt zu gießen. Nur diese große, edle Aufgabe, die bekommt er nicht! Also bekommt er auch nicht das Geld, das dafür gezahlt wird. Wer weiß, ob wir nicht auch bald am Hungertuch nagen und über den Markt schleichen wie die Bettler.«

Kaum hatte sie das gesagt, kam ein alter Mann in zerlumpten Kleidern angehumpelt und sagte: »Habt Erbarmen. Einen Bettelpfennig für mich.« Bittend streckte er den beiden seine Hand entgegen.

»Hier, diese Mohrrübe wird dir über den größten Hunger hinweghelfen«, sagte der Bauer und drückte dem Bettler eine ziemlich kleine, ziemlich krumme Möhre in die Hand.

»Gott wird es Euch danken«, entgegnete der Bettler und ließ die Möhre direkt vor Erasmus auf die Erde fallen. »Für dich, Grauer«, flüsterte er dem Esel im Vorbeigehen zu. »Ich kann sie eh nicht mehr beißen.« Dabei grinste er und ließ die verfaulten Zahnstümpfe in seinem Mund sehen.

Dankbar schnappte sich Erasmus die Möhre.

Der Bauer hatte das zum Glück nicht bemerkt, er hatte sich längst wieder der Frau zugewandt. »Gute Frau, ich habe gehört, dass dies nicht die erste Glocke ist, die Gloriosa genannt werden soll. Und ich habe gehört, dass auf allen bisherigen Glocken dieses Namens ein teuflischer Fluch lag. Kann also sein, dass die neue Glocke auch bald hinüber ist. Dann wird man ganz gewiss Euren Mann bitten, nun endlich eine brauchbare Gloriosa zu gießen.«

»Es ist eine vertrackte Geschichte mit diesen Glocken. Im Jahr 1251 wurde die erste Gloriosa gegossen. Ein gigantisch großes Stück! Doch der Teufel mag keine Glocken. Von ihrem Klang bekommt er furchtbare Kopfschmerzen. Deshalb störte er beim Guss der Glocke, wo er nur konnte.

Ein Wahrsager verkündete, die Glocke werde keine 60 Jahre lang halten. Und tatsächlich: Nach 56 Jahren zersprang sie. Die zweite Gloriosa bekam nach knapp 56 Jahren einen Riss und scheppterte wie ein altes Blech. Die dritte Gloriosa tat gute 50 Jahre lang ihren Dienst. Und dann …«

»… zersprang auch sie«, fiel der Bauer ihr ins Wort.

»Wartet ab!«, mahnte die Frau. »Der Teufel hatte es wohl endgültig satt, die Glocke hören zu müssen. Er verführte die Männer, die zum Läuten im Glockenturm waren. Während sie mit vereinten Kräften die Glocke zum Schwingen und Klingen brachten, tranken sie nebenbei mit vereinten Kräften Wein. Als sie den Glockenturm verließen, vergaßen sie, ein brennendes Wachslicht zu löschen. Kurze Zeit später stand der Glockenstuhl in Flammen, der Turm brannte ab. Und die Gloriosa schmolz in der Feuersglut.«

»Ein wahres Höllenfeuer, das die Stimme Gottes zerstörte«, sagte der Bauer und bekreuzigte sich rasch.

»Eine vierte Gloriosa wurde gegossen und ließ ihre Stimme erschallen. Knappe 50 Jahre lang. Bis zum schrecklichen Jahr 1472, als ein frevelhafter Mönch Erfurt an mehreren Stellen anzündete. Die halbe Stadt brannte nieder. Auch die Türme des Doms standen in Flammen. Wieder zerschmolz die Glocke. Der Glockengießer Claus von Mühlhausen bereitete alles für den Guss der nächsten Gloriosa vor. Doch er starb, ehe er sein Werk vollenden konnte. Andere Meister gossen die Glocke. Diesmal hielt sie nur zwei Jahre.«

»Da hat es der Teufel aber eilig gehabt«, sagte der Bauer.

Die Frau überlegte einen kurzen Moment, dann sagte sie: »Wenn ich es recht bedenke, bin ich doch erleichtert, dass nicht mein Mann die Glocke gießt, sondern ein Fremder. Wer weiß, was dem Teufel diesmal einfällt.« Sie schaut zum Domberg hinauf. »Die Arbeiten sind schon im Gange. Wie ich meinen Mann kenne, wird er sich jeden Tag hinaufschleichen und beobachten, was geschieht.«

»Genau das werde ich auch tun«, beschloss Erasmus. »So etwas habe ich noch nie gesehen und werde es wahrscheinlich auch nie mehr zu sehen bekommen. Denn ich will doch sehr hoffen, dass diese Glocke viele Jahrhunderte lang erklingen wird.«

»Gute Frau, ist das Euer Esel, der uns so geduldig zuhört, als würde ihn diese Geschichte brennend interessieren?«, fragte der Bauer.

»Leider nicht«, seufzte die Frau, »sonst könnte er mir meine Einkäufe nach Hause tragen.«

Wie staunte sie, als Erasmus einen Schritt näherkam und seinen Kopf neigte. Probehalber packte sie ihm den Korb mit Gemüse auf den Rücken. Erasmus ließ es geschehen.

»Na, so eine Freude«, meinte die Frau, griff in den Korb und reichte Erasmus die größte Mohrrübe, die sie finden konnte.

Genau darauf hatte er gehofft. Und er hoffte, die Frau würde noch mehr über die Glocken erzählen.

Er hatte Glück: Den ganzen Heimweg redete sie über Glockengießer, über falsche Glocken, Glockenkronen und Glockenzier. Erasmus spitzte die Ohren und versuchte, so viel wie möglich davon zu verstehen. Obwohl das alles recht kompliziert und nach sehr viel Arbeit klang.

Gerade hatten sie das Wohnhaus der Frau erreicht, da trat ein mürrisch blickender Mann heraus.

»Schleichst dich wieder zum Domberg?«, fragte die Frau. Der Mann winkte nur ab und ging schweigend davon. Die

Frau schüttelte den Kopf, hob den Korb vom Rücken des Esels herunter, bedankte sich und verschwand im Haus.

Erasmus trabte zurück zum Domplatz. Vorbei an den siebzig Stufen, die zum Dom und zur Severikirche hinaufführten. Er wählte den seitlichen Aufgang. Und schon geriet er mitten hinein in ein emsiges Treiben.

Zwei Männer waren dabei, eine kaputte Glocke in Einzelteile zu zerschlagen. Einer der beiden rief Erasmus zu: »Vorsicht, Grauer! Wenn dir ein Stück der alten Gloriosa um die Ohren fliegt, bring es zurück. Wir brauchen es als Glockenspeise für den neuen Guss.«

Erasmus lief ein paar Schritte weiter, da wurde er schon wieder ermahnt: »Stürz nicht in die Grube, Eselchen. Hier soll die Glocke gegossen werden. Dafür hast du nicht die passende Form.« Die umstehenden Männer lachten, während Erasmus erschrocken in ein tiefes Loch starrte. Nein, da wollte er wirklich nicht hineinstürzen.

Wohin er auch kam, er musste aufpassen, dass er niemandem im Wege stand. Überall wurde gewerkelt, gehämmert, gebaut.

In der nächsten Zeit kam Erasmus täglich auf den Domberg herauf. Mit neugierig glänzenden Augen beobachtete er, welche einzelnen Arbeitsschritte nötig waren, um den Guss der Glocke vorzubereiten.

Endlich war die Grube groß genug. Gerhard van Wou und seine Gesellen schichteten darin Lehmziegel auf, immer im Kreis herum, ungefähr in der Form der zukünftigen Gloriosa. Die grobe Form glätteten sie mit Lehm, dann entfachten sie in dieser Lehmziegel-Glocke ein kleines Feuer. Das half, sie zu trocknen. Nun wurde eine Fettschicht aufgetragen. Darauf kam wieder eine Schicht Lehm – diesmal haargenau in der Form der späteren Glocke. Eine Holzschablone sorgte dafür, dass diese »falsche Glocke« gleichmäßig rund wurde.

Die falsche Glocke musste ebenfalls trocknen, anschließend wurde sie dünn mit Wachs überzogen. Aus Wachs wurden Schriftzeichen und Verzierungen geschnitten und auf diese Schicht geklebt.

Erasmus staunte über die feine Schrift, über die Lilienmuster, Blätterranken und kleinen Blüten aus Wachs. Sogar die Jungfrau Maria mit dem Jesuskind war aus Wachs geformt und auf die Lehmglocke aufgetragen. Stundenlang konnte Erasmus sie anschauen, so schön sah sie aus, umgeben von einem Strahlenkranz.

Doch was passierte nun? Gerhard van Wou stand in der Grube und ließ die kunstvollen Muster und Schriftzeichen unter einer Lehmschicht verschwinden. Erasmus reagierte mit einem erschrockenen »Ia«.

Gerhard van Wou schaute hinauf und rief: »Keine Sorge, Grauer, ich passe schon auf, dass alle Wachsteile heil und ganz bleiben. Denn sie sollen ja ihren Abdruck in dieser Lehmschicht hinterlassen. Wirst später sehen, wozu das gut ist. Geduld, Geduld!« Schon trug er weiteren Lehm auf, drehte sich noch einmal zu Erasmus um und rief: »Das hier wird übrigens der Glockenmantel.«

Ein Mantel wurde das? Sollte der später die Glocke im kalten Winter wärmen? Wieder einmal wunderte sich Erasmus über die Menschen und ihre sonderbaren Ideen.

Als die äußere Lehmschicht dick genug war, wurde erneut ein Feuer entfacht, um auch diese Form zu brennen. Und wie-

der brauchte es Geduld, bis sie abgekühlt war. Dann wurde mit kräftigem Hebezeug der Glockenmantel in die Höhe gehoben.

Erasmus starrte enttäuscht auf die falsche Glocke aus Lehm. All die schönen Schriftzeichen und Muster aus Wachs waren in der Hitze des Feuers geschmolzen. Auch die Jungfrau Maria war weg. Da sah er, wie die Gesellen des Glockengießers in die Grube hinabgestiegen. Mit kleinen Hämmern zerschlugen sie die Glocke aus Lehm.

Wieder wollte Erasmus ein entsetztes »Ia!« ausstoßen, da legte ihm jemand einen Arm um den Hals. Gerhard van Wou stand neben ihm und sagte: »Schön, dass ich solch einen geduldigen Zuschauer habe. Andere Zuschauer sind offensichtlich nicht so begeistert, dass ich und meine Gesellen an diesem großen Werk arbeiten.« Dabei blickte er kurz zu dem Erfurter Glockengießer hinüber, der schnell hinter einem hohen Stapel Brennholz verschwand.

Weiter sprach Gerhard van Wou: »Musst nicht traurig sein, dass die Madonna mit dem Jesuskind verschwunden ist. Die beiden sind geschmolzen in der Hitze des Feuers. Aber im Glockenmantel haben sie ihren Abdruck hinterlassen. Das ist wichtig für den Guss. Die Lehmglocke brauchen wir nun nicht mehr, sie muss Platz machen für die richtige Glocke.«

Als nur noch der Glockenkern in der Grube stand, wurde der Glockenmantel wieder darübergestülpt. »Dort, wo eben noch die falsche Glocke aus Lehm war, ist nun ein Hohlraum. In den wird das flüssige Metall gegossen. Aber bis es so weit ist, muss ich dich abermals um Geduld bitten.«

Erasmus bedankte sich mit einem leisen »Ia« für die Erklärung.

Am nächsten Tag kam er den Domberg herauf und wunderte sich schon wieder. Die Männer waren eifrig dabei, das tiefe Loch mitsamt der Glockenform zuzuschaufeln. Alles, was sie bisher vorbereitet hatten, verschwand unter Erde und Lehm. Und als würde das nicht reichen, wurde jede Lehmschicht ordentlich festgestampft, bis die gesamte Grube aufgefüllt war.

Was sollte denn das? Würde Gerhard van Wou die Glocke doch nicht gießen? War nun alles vorbei?

»He, Eselchen, kannst uns helfen«, rief der Glockengießer Erasmus zu. »Die Erde muss festgestampft werden. Nur zu, lass deine vier Beine tanzen.«

Das ließ sich Erasmus nicht zweimal sagen. Er trabte über die Grube, hin und her, kreuz und quer, und stampfte die Erde fest.

»Vorsicht dort in der Mitte! Nicht stolpern! Das Loch muss offen bleiben. Dort wird bald die flüssige Bronze hineinfließen.«

In die Erde hinein? Ob das wohl gutgehen würde? Erasmus hatte da seine Zweifel.

Endlich war alles für den Guss vorbereitet. Die beiden Schmelzöfen wurden mit Brennholz angeheizt und mit der Glockenspeise befüllt. Neun Stunden lang musste immer wieder Holz nachgelegt werden, damit das Metall in der Hitze des Feuers schmelzen konnte.

Tief in der Nacht hatte das lange Warten ein Ende. Ein Geselle des Glockengießers öffnete den ersten Ofen, aus dem das glühende Metall geschossen kam. Durch einen kleinen Graben strömte es in die Gussöffnung und verschwand unter der Erde. Als nur noch wenig Metall aus dem ersten Ofen floss, wurde der zweite Ofen geöffnet. Und noch einmal schoss das glühend heiße Metall auf das Loch in der Erde zu und verschwand darin.

Viele Erfurter hatten diesem Schauspiel zugesehen. Einige verneigten sich vor Gerhard van Wou und gratulierten zum gelungenen Guss. Doch der entgegnete: »Noch steckt die Glocke in der Erde. Sie muss abkühlen, ehe wir sie herausholen können. Erst dann wissen wir wirklich, ob und wie sie klingen wird. Geduld, Geduld.«

Erasmus hätte am liebsten sofort die Erde, die er vor ein paar Tagen festgestampft hatte, wieder aufgewühlt und nachgeschaut, wie die fertige Gloriosa aussah. Aber das hatte er in der letzten Zeit ausgiebig geübt: Geduld zu haben und auf den richtigen Moment zu warten.

Fünf Tage lang musste das Metall in der Erde abkühlen. Dann wurden Erde und Lehm aus der Grube geschaufelt, bis der Glockenmantel freigelegt war. Mit schwerem Hebezeug wurde er abgehoben. Die Glocke wurde zur Seite gekippt, damit der Kern aus Lehmziegeln herausgeschlagen werden konnte. Erst dann hoben starke Männer mithilfe der Hebezeuge die Gloriosa aus der Grube und rollten sie auf den Platz zwischen Dom und Severikirche.

Erasmus glaubte zu träumen. Da war sie wieder, die Jungfrau Maria mit dem Jesuskind, außen auf der Glocke. Und der Strahlenkranz aus Bronze strahlte tausendmal schöner als der aus blassem Wachs.

Viele Menschen waren gekommen. Alle wollten wissen, ob das Werk gelungen war. Gerhard van Wou schlug mit einem eisernen Hammer die Glocke an. Da verstummten alle Gespräche ringsum. Das war ein Klang, der allen Anwesenden unvergesslich bleiben würde. Ein voller, runder Ton, der alle

Ängste verdrängte: Der Teufel hatte es nicht geschafft, den Guss der Glocke zu stören.

Erasmus sah, wie in den Augen etlicher Leute Tränen der Freude glitzerten. Viele Menschen stürmten auf Meister van Wou zu und schüttelten ihm die Hand.

Auch der Erfurter Glockengießer trat auf ihn zu und sagte: »Verehrter Gerhard van Wou, Ihr habt ein Meisterwerk geschaffen. Und wenn diese Glocke bald in der Glockenstube dort oben im Turm hängt, wenn ihr Klang über die Stadt und weit darüber hinaus zu hören sein wird, dann werde ich mich mit großer Achtung vor Eurer Meisterschaft verneigen.«

Auch Erasmus verneigte sich vor Gerhard van Wou. Der legte ihm zum Abschied die Arme um den Hals und flüsterte ihm ins Ohr: »Wie gut, dass du jeden Tag hier warst. Wo ein aufmerksamer Esel aufpasst, hat der Teufel keine Chance.«

Erasmus spürte noch viele Stunden lang, wie die Gloriosa in seinem Herzen nachzuhallen schien. Als wäre sein Herzschlag seit diesem Tag ein anderer, mit einer großen Freude darin. Und mit der Hoffnung, der Klang der Glocke möge ihm und den Erfurtern ewig erhalten bleiben.

WIE ERASMUS SIEBEN SCHWEINISCH GRUNZENDE MENSCHEN TRAF

Erasmus streunte durch die Stadt. Ab und zu kamen ihm magere, herrenlose Hunde entgegen. Sie beschnüffelten Erasmus, wedelten kurz mit dem Schwanz und zogen weiter. Auch Schweine waren in den Gassen unterwegs. Sie durchwühlten die Abfallhaufen, die überall vor sich hin müffelten. Tauben gurrten von den Dächern herab und flogen mit lautem Flügelschlag davon. Hähne krähten in den Hinterhöfen, irgendwo meckerte eine Ziege, gackerten Hühner, schnatterten Gänse. All diese Geräusche kannte Erasmus, sie gehörten zu dieser Stadt wie der Geruch, den diese Tiere verbreiteten.

Da drangen plötzlich durch ein halb geöffnetes Tor rätselhafte Laute an die gespitzten Ohren des Esels. Waren das Tiere, die grunzten? Waren es Menschen, die undeutlich sprachen? So etwas hatte Erasmus noch nie gehört!

Neugierig schob er seinen Kopf um das Tor herum und schaute in den Innenhof. Und nun war er restlos verwirrt: Da standen sieben seltsame Wesen im Kreis, halb Mensch, halb Tier.

Erasmus besah sie sich genauer. Wahrscheinlich waren das junge Burschen, kaum älter als 15, 16 Jahre. Aber wie die aussahen! In zottelige Lumpen gehüllt, die Gesichter mit Ruß geschwärzt. Auf dem Kopf trugen sie merkwürdige Kappen. Aus einigen Kappen ragten Stierhörner heraus, aus anderen … Eselsohren! In den Mundwinkeln der jungen Burschen steckten gefährlich aussehende Eberzähne.

Waren das Geister? Sollte Erasmus so schnell wie möglich von hier verschwinden?

Doch seine Neugier siegte. Er schlich sich in den dunklen Durchgang zum Hof und beobachtete von hier aus, was sich da abspielte.

In der Mitte zwischen den sieben jungen Männern stand ein Mann, in dem Erasmus unschwer einen Professor erkannte – mit Professoren kannte er sich aus. Doch was dieser nun anstellte, war mehr als rätselhaft.

Er drehte sich im Kreis und schnitt den sieben jungen Männern komische Fratzen. Einer konnte nicht mehr an sich halten und lachte laut los. Dabei fielen ihm die Schweinezähne aus den Mundwinkeln und hüpften über den Erdboden. Has-

tig bückte er sich danach. Doch im gleichen Augenblick sprang ein Gehilfe des Professors herbei und ließ seinen Prügelstock auf dem Rücken des jungen Mannes tanzen. Der Professor strafte ihn zusätzlich mit strengen Blicken.

Als die Zähne wieder an Ort und Stelle steckten, rief der Professor: »Ihr wollt Studenten werden? Dann müsst ihr, nach altem Brauch, zuerst eure tierische Natur ablegen. Ihr kommt aus fernen Dörfern und Städten. Ihr wisst nicht, wie man sich als Student zu benehmen hat. Schaut euch nur an: Ihr seid schmutzig, störrisch, stinkig. Mit den Zähnen eines Schweins, mit den Hörnern eines Rindviehs oder den Ohren eines Esels seid ihr nichts anderes als Tiere. Und eure Kleidung! Nein, wie geschmacklos! Die geziemt sich nicht für angehende Gelehrte.«

Der junge Mann, der gerade Bekanntschaft mit dem Prügelstock geschlossen hatte, protestierte: »Wir sollten uns so kleiden, wurde uns gesagt.« Dabei rutschte ihm schon wieder ein Eberzahn heraus. Und wieder zog ihm der Gehilfe ein paar Stockstreiche über das Hinterteil.

Der Professor wies mit dem Finger auf den jungen Mann und sagte: »Martinus Lutherus aus Mansfeld, es ist seit jeher Brauch, dass alle Studenten zu Beginn des Studiums ihre tierische Natur ablegen. So wie diese zerlumpten Kleider euren Leib entstellen, so entstellen üble Gewohnheiten und ungehobeltes Benehmen euren Geist. Wollt ihr hier, an unserer Universität, ein neues Leben beginnen, müsst ihr euer altes Leben hinter euch lassen.«

Jedem der jungen Burschen stellte der Professor ein paar Fragen: »Welches schlimme Laster treibt dich heimlich um? Welch frevelhaftes Verhalten muss ab sofort aus deinem Leben gestrichen werden? Boshaftigkeit? Gefräßigkeit? Übermäßige

Trunksucht? Der Hang zu Raufereien und Prügeleien? Gestehe, du Spulwurm! Du kleine, krumme Unke! Du Grünschnabel!«

Jeder, der gefragt worden war, versuchte, etwas zu antworten. Weil aber die Schweinezähne in den Mundwinkeln steckten, kamen immer nur Grunzlaute zur Antwort.

Das also war dieses merkwürdige Geräusch gewesen, erkannte Erasmus. Doch wie erschrak er, als er sah, was als Nächstes passierte: Der Gehilfe des Professors griff nach einer großen hölzernen Zange. Die legte er einem der Burschen um den Hals und schüttelte ihn so lange, bis die Zähne zu Boden fielen. Die gleiche Prozedur wiederholte er der Reihe nach bei allen anderen. Als auch der letzte Jüngling die Eberzähne los war, sagte der Professor: »Seid in Zukunft gelehrig und fleißig, dann werdet ihr eure schlechten Eigenschaften ebenso verlieren wie diese Schweinezähne.«

Erasmus erholte sich kurz von seinem Schreck, doch sogleich packte ihn ein viel größeres Entsetzen. Denn nun hielt der Gehilfe eine Axt in der Hand. Die schwang er durch die Luft, geradewegs auf den Kopf eines Burschen zu.

»Um Himmels willen! Nein!«, wollte Erasmus schreien. Da flog dem Burschen die Kappe mit den Stierhörnern vom Kopf. Und so verloren alle Jungen der Reihe nach ihre Eselsohren oder Stierhörner.

Der Professor erklärte: »Wer nicht fleißig studiert, bleibt ungebildet wie ein Stier und dumm wie ein Esel.«

»Iiiaaa!«, protestierte Erasmus, der bis eben geschwiegen hatte.

Schlagartig flogen alle Köpfe zu Erasmus herum. Der Professor trat aus dem Kreis heraus und ging auf Erasmus zu. Für einen Moment sahen sich die beiden fest in die Augen. Dann legte der Professor lachend einen Arm um den Hals des Esels und rief den jungen Männern zu: »Vermutlich ist dieses Tier klüger als mancher Student, der sein Studium nur im Bierhaus absitzt. Immerhin hat er es zu einer gewissen Weisheit gebracht.« Dabei zupfte er an der weißen Ohrspitze. »Und nun legt euch auf den Boden.«

Verwirrt schauten die jungen Burschen den Professor an. Hatten sie richtig gehört? Sie sollten sich auf den Boden legen? Welche Qualen warteten jetzt noch auf sie?

Der Gehilfe holte einen Hobel aus dem Sack und tat so, als würde er die jungen Männer glatthobeln. Erst auf dem Bauch, dann auf dem Rücken und auf beiden Seiten.

»So wie dieser Hobel euren Körper geglättet hat, so werden gute Bücher und edle Künste euren Geist glätten«, erklärte der Professor. Dann klatschte er in die Hände und rief: »Her mit dem kalten Wasser!«

Zwei ältere Studenten trugen Eimer voll Wasser herbei. Das schütteten sie den jungen Männern über die Köpfe und rieben sie anschließend mit groben Lappen wieder trocken. Aber sie rubbelten so heftig, dass mancher der sieben Burschen vor Schmerzen stöhnte.

»So, meine werten Herren Studenten. Nun seid ihr gehobelt, gestriegelt, sauber und eure tierische Vergangenheit los. Ihr werdet die nächsten Jahre gemeinsam in dieser Burse wohnen. Ihr werdet euch die Zimmer teilen, die Mahlzeiten gemeinsam einnehmen, abends rechtzeitig hier sein. Nachts wird die Burse abgeschlossen. Willkommen im neuen Leben in unserer ehrwürdigen Universität.«

Da endlich lachten die jungen Studenten, als hätte ihnen jemand eine große Last von den Schultern genommen.

Und Erasmus? Der stieß ein fröhliches »Ia, ia« aus, als wäre auch er erleichtert, dass dieser Spuk ein gutes Ende gefunden hatte.

Oder einen guten Anfang. Denn die schweren Jahre des Lernens und Studierens lagen ja noch vor den jungen Leuten.

Und vor Erasmus lagen die Straßen und Gassen der Stadt, in die er sich nun wieder begab, auf der Suche nach neuen Abenteuern.

WIE ERASMUS BEINAHE VOM BLITZ GETROFFEN WURDE

An einem schönen Sommertag beschloss Erasmus, die Stadt für einen Ausflug zu verlassen.

Am Stadttor fragte ihn einer der Wachen: »Na, Grauer, wohin so allein? Wem gehörst du denn?«

Erasmus knirschte mit den Zähnen. Er gehörte nur sich selbst! War das so schwer zu begreifen? Er hatte nicht mal Lust, sein »Ia« erschallen zu lassen, so sauer war er.

»Ein störrisches Tier«, sagte der andere Wachmann. »Musst selbst sehen, wie du zurechtkommst. Willst du aber heute Nacht friedlich in deinem Stall schlummern, musst du rechtzeitig vor Sonnenuntergang wieder hier sein. Dann werden die Stadttore geschlossen.«

»Ewig diese Belehrungen«, dachte Erasmus. »Ich kann wohl auf mich selbst aufpassen.« Und schon galoppierte er los, immer Richtung Norden. Übermütig sprang er zwischen den Feldern entlang, freute sich über den Gesang der Lerchen hoch oben am Himmel und über den frischen Sommerwind.

»Das sollte ich öfter tun«, beschloss Erasmus. Frohen Mutes entfernte er sich weiter und weiter von der Stadt und ihrer schützenden Mauer. Er durchstreifte etliche Dörfer, wanderte am Ufer eines großen Sees entlang, immer nordwärts.

Bald kam ihm ein junger Mann entgegen. Er trug eine Tasche über der Schulter. Ob darin wohl etwas Futter steckte? Eine klitzekleine Mohrrübe? Erasmus blieb auf dem Feldweg stehen, bis der junge Mann ihn erreicht hatte.

Der öffnete zwar nicht seine Tasche, kraulte ihn aber zwischen den Ohren und sagte: »Esel, Grauer, wo willst du hin? Ins nächste Dorf?«

Erasmus schwieg und schaute den Mann aus großen Augen an. Der betrachtete Erasmus genauer und meinte: »Sag mal, gibt es mehr von deiner Sorte? Als ich Student wurde, musste ich ein grausiges Ritual über mich ergehen lassen. Damals hat ein Esel zugeschaut – einer mit einer weißen Ohrspitze.«

Erasmus stieß ein freudiges »Ia« aus und sprang vor dem jungen Mann auf und ab.

»Sieht ganz so aus, als wärst du das wirklich gewesen. Dann hast du ja den Beginn meines Studiums miterlebt. Ich bin Martin Luther, dem damals die Eselsohren abgeschlagen wurden. Vier Jahre lang habe ich mit Fleiß studiert und das Grundstudium mit sehr guten Noten abgeschlossen. Gerade war ich zu Besuch bei meinen lieben Eltern in Mansfeld und bin auf dem Weg zurück nach Erfurt. Willst du auch dorthin zurück? Da geht es lang! Es wäre schön, wenn du mir Gesellschaft leistest.«

»Ia«, sagte Erasmus und machte eine Kehrtwende.

Martin Luther erzählte weiter: »Mein Vater, der Hans Luther, möchte, dass ich nun Jura studiere. Er meint, damit könnte ich später ein sehr gutes Auskommen haben. Aber es ist mir eine Last, dieses Studieren. Noch viele Jahre werde ich mir den Buckel krumm sitzen, über dicke Bücher gebeugt. Wer weiß, vielleicht schaffe ich es gar nicht bis zu Ende. Erst vor wenigen Wochen sind zwei Studenten gestorben, mit denen ich das Wohnheim geteilt hatte. Und zwei Professoren hat es auch in kürzester Frist hinweggerafft. Wenn das mal nicht wieder die schreckliche Pest ist, die ihren giftigen Atem durch die Gassen haucht und reihenweise die Leute sterben lässt. Ich will noch nicht sterben, bin noch viel zu jung dafür.

Aber was, wenn ich schon morgen oder übermorgen diese Welt verlassen muss, beladen mit all meinen Sünden? Lande ich im Fegefeuer, für Hunderte von Jahren? Oder gar für alle Ewigkeit? Wie kann ich mich dem Zorn Gottes entziehen? Wie kann ich seine Gnade erlangen? Ach, es ist alles so schwer, Eselchen, und ich kann mir kaum selbst erklären, wieso diese Zweifel so heftig in mir wühlen.«

Plötzlich blieb Martin stehen und zeigte zum Himmel hinauf. »Schau, da kommt sie schon, die Strafe Gottes!«

Erasmus konnte spüren, dass den jungen Mann Todesangst gepackt hatte. Aber warum? Am Himmel hingen ein paar dicke, graue Wolken. Sie bewegten sich mit rasender Geschwindigkeit auf die beiden zu. Es waren doch nur Wolken! Wieso sprach der junge Mann von der Strafe Gottes? Erasmus legte ihm tröstend den Kopf auf die Schulter, als wollte er sagen: »Keine Angst, ich bin bei dir.«

»Lass uns eilen, Eselchen. Da kommt ein heftiges Unwetter auf uns zu. Wenn wir die Stadt mit trockener Haut erreichen wollen, müssen wir uns sputen.«

Kaum hatte er das gesagt, platschten schwere Regentropfen herab. Ein heftiger Wind kam auf, griff ungestüm in die Bäume und rüttelte sie, als wollte er sie mitsamt den Wurzeln ausreißen. Lose Äste wirbelten durch die Luft.

Die ganze Landschaft war schlagartig in Düsternis gehüllt. Blitze stachen vom Himmel herab auf die Erde ein. Sie kamen immer näher. Die Donner krachten inzwischen so laut, dass sich Erasmus am liebsten die Ohren zugehalten hätte, wenn er es gekonnt hätte. Schreckensbleich beschleunigte Martin Luther seine Schritte.

Gerade hatten die beiden einen Acker in der Nähe von Stotternheim erreicht, als ein Blitz direkt neben ihnen einschlug. Erasmus drehte sich wie irr im Kreis. Martin warf sich

zu Boden und rief: »Hilf, heilige Anna! Lass mich leben! Dann will ich ein Mönch werden!«

So rasch, wie das Gewitter gekommen war, so schnell war es weitergezogen. Martin lag noch immer auf dem Erdboden. Vorsichtig hob er den Kopf, schaute sich um und rappelte sich auf. Wortlos winkte er dem Esel, ihm zu folgen.

Stumm liefen die beiden nebeneinander her. Erasmus spürte nur zu deutlich, wie sehr das Gewitter den jungen Mann erschüttert hatte. Er sprach kein einziges Wort mehr. Nicht eins.

Kurz bevor sie das Stadttor erreichten, brach es wie ein Stoßseufzer aus Martin heraus: »Oh, mein Gott, was habe ich da versprochen? Ein Mönch werden! Will ich das wirklich? Mein Vater wird mir zürnen. Er wird bitter enttäuscht sein, dass ich nun nicht Jura studieren werde. Hätte ich das bloß nicht gesagt! Aber ich hatte geglaubt, mein letztes Stündlein wäre gekommen. Nun habe ich es versprochen. Nun muss ich es halten.«

»Ia«, sagte Erasmus, aber es klang eher wie eine Frage.

Martin fühlte sich herausgefordert, es noch einmal zu bestätigen: »Ich habe es versprochen. Ich werde Mönch. Schon in ein paar Tagen. Es wäre mir sehr lieb, wenn du mich auf dem Weg zur Klosterpforte begleitest.«

Erasmus erklärte sich mit einem »Ia« dazu bereit.

Gemeinsam liefen die beiden durch die Stadt, bis Martin vor einem Haus stehen blieb. »Hier wohne ich, für wenige Tage noch. Ich werde mich von meinen Freunden verabschieden. Dann warte ich hier auf dich.«

Martin wollte Erasmus zum Abschied umarmen. Da rutschte ihm die Tasche von der Schulter, ein Buch fiel heraus und schlug mittendrin auf. Neugierig beugte sich Erasmus darüber.

»Na, wo gibt es denn so etwas?«, fragte Martin Luther lachend. »Ein Esel, der mehr in die Bücher schaut als mancher Student? Leider kann ich dir das Buch nicht überlassen, es gehört allen Studenten gemeinsam. Nur ich werde nun nicht mehr darin studieren.«

In den nächsten Tagen kam Erasmus immer wieder zur Georgenburse. Zuweilen hörte er, wie Martin sich mit den anderen Studenten stritt. Sie wollten ihn überreden, sein Studium fortzusetzen und nicht ins Kloster zu gehen. Doch Martin erwiderte jedes Mal mit fester Stimme: »Ich habe es vor Gott gelobt und der heiligen Anna geschworen. Meinen Schwur breche ich nicht. Ich muss diesen Schritt tun.«

Wenige Tage später trat Martin heraus, mit nichts als dem, was er auf dem Leib trug. Erasmus stand bereit.

»Mein Freund«, sagte Martin, »ich bin so weit. Lass uns gehen.«

Da kamen alle anderen Studenten aus der Burse und begleiteten ihn ebenfalls. Sie hofften wohl bis zum letzten Augenblick, Martin umstimmen zu können. So zog die kleine Prozession über die Lehmannsbrücke, an der Nikolaikirche vorbei, um den Comthurhof herum und gelangte zur Pforte des Augustinerklosters. Es waren wirklich nur ein paar Schritte. Schweren Herzens umarmten die Studenten ihren langjährigen Freund, dann trat er durch die Pforte, die sich hinter ihm schloss.

Erasmus trottete mit hängendem Kopf von dannen. Leise verfluchte er das heftige Unwetter. Wenn das nicht gewesen wäre, hätte er gern mit Martin weitere Ausflüge vor die Tore der Stadt unternommen und ihm stundenlang zugehört. Oder mit ihm gemeinsam in Büchern gelesen, wie einst mit Professor Amplonius.

WIE ERASMUS EINEN FLIEGENDEN SCHUSTER AUF EINE GUTE IDEE BRACHTE

Oft kehrte Erasmus an den Ort zurück, den er ganz besonders mochte: das Ufer der Gera neben der Krämerbrücke.

Eines Morgens erfreute sich Erasmus gerade an den Sonnenstrahlen, die auf dem Wasser der Gera funkelten. Da öffnete sich hinter ihm die Tür des Gasthauses »Zum alten Schwan« und ein schmächtiger junger Mann kam herausgeflogen. Ja, er flog tatsächlich! Ein Stück durch die Luft und dann ziemlich unsanft auf die Straße. Der Wirt hatte ihn mit Schwung nach draußen befördert. »Lass dich bloß nie wieder hier blicken!«, rief er noch. Dann verschwand er im Haus. Krachend schlug die Tür hinter ihm zu.

Der junge Mann rappelte sich auf und wischte sich den Straßendreck von Hose und Jacke. Er fluchte und stöhnte, während er zum Flussufer wankte. Dort tauchte er die Hände ins Wasser und besah sich die Schürfwunden, aus denen Blut sickerte.

Behutsam näherte sich Erasmus dem jungen Mann. Der dehnte und streckte sich, als wollte er überprüfen, ob alle Knochen noch an der richtigen Stelle saßen und den Sturz heil überstanden hatten. Er rieb sich über Arme und Beine und jammerte:

»Das wird viele blaue Flecken geben. Heute Abend werde ich aussehen wie in blaue Farbe getaucht.«

Erasmus ließ ein sanftes »Ia« hören und schaute den jungen Mann mit großen Augen an.

Der klagte: »Ach, es ist ein Elend, wenn man ein armer Handwerksbursche ist und kein Geld für ein ordentliches Nachtmahl hat. Jahr für Jahr ziehe ich schon durch die Lande … Aber was erzähle ich da. Es wird dich gewiss nicht interessieren.« Schon brach er seine Erzählung ab.

Doch Erasmus stupste ihm mit dem Kopf leicht gegen die Schulter, dann legte er sich bequem ans Ufer des Flusses.

Da lachte der junge Mann und sagte: »Ah, ich verstehe. Du willst mir zuhören. Nun denn, ich erzähle dir meine Geschichte. Ich heiße Hans. Hans Sachs, Sohn eines Schneidermeisters in Nürnberg. Ein Schneiderlein wie mein Vater wollte ich nicht werden. Für ein Studium hat das Geld leider nicht gereicht. Also bin ich bei einem Schuster in die Lehre gegangen. Schuhe werden immer gebraucht, so schlecht, wie überall die Straßen sind: voller Schlamm, Staub und Steine. Ein paar Wochen läuft ein wackerer Mann auf solchen Sohlen herum – schon sind Löcher drin und müssen geflickt werden.« Er setzte sich neben Erasmus und zeigte ihm die kaputten Sohlen seiner Schuhe.

»Wird Zeit, dass ich mir neue Schuhe mache. Ich werde noch eine ganze Weile auf der Walz sein – so nennt man die Wanderschaft der Handwerker. Wir ziehen von einer Stadt in die nächste und versuchen, im Haus eines Meisters unterzukommen. Wir helfen ihm bei der Arbeit und lernen dabei neue Kniffe kennen. Erst wenn unsereiner genügend Erfahrung gesammelt hat, kann er Meister werden. Doch viel mehr als die Schuhmacherei reizt mich die edle Dichtkunst. Ach, wenn ich darin eines Tages

Meister werden könnte …« Wieder seufzte der junge Mann und ließ seinen Blick über das strömende Wasser wandern.

»Gestern bin ich in Erfurt angekommen. Den Kopf voller Gedichte, aber der Magen war leer. Leider war mein Geldbeutel auch leer. Es war viel zu spät, durch die Gassen zu laufen und nach einem Schuhmacher zu fragen, der mich aufnehmen würde. Also suchte ich nach einem Gasthaus und landete im ›Alten Schwan‹. Dort tafelten feine Herren. Beim Anblick all der Köstlichkeiten krümmte sich mein Magen so schmerzhaft zusammen, dass ich fürchtete, auf der Stelle vor Hunger tot umzufallen. Da beschloss ich: Wenn ich schon sterben müsste, wollte ich wenigstens ein letztes Mal ordentlich essen. Warum also nicht gleich an solch einer fürstlich gedeckten Tafel?

Ohne weiter zu überlegen, habe ich mich zu den Herren gesetzt und tüchtig zugelangt. Doch als es ans Bezahlen ging, konnte ich dem Wirt nur meinen leeren Geldbeutel zeigen. Er tobte. Er schimpfte, nannte mich einen üblen Zechpreller. Dann packte er mich am Schlafittchen, steckte mich in einen Sack und stieß mich in eine Kammer.

Na, immerhin hatte ich nun ein Quartier für die Nacht. Aber an Schlaf war in dem engen Sack nicht zu denken. Nur meine Arme und Beine sind abwechselnd eingeschlafen.

Endlich war diese elende Nacht vorbei. Schritte näherten sich der Kammer. Jemand kam herein und gähnte lauthals. Das klang nach einer jungen Frau. Ich flehte sie an, sie möge mich aus meiner üblen Lage befreien. Die junge Magd löste den Strick, mit dem der Sack verschnürt war. Krumm und lahm kroch ich heraus.

Eigentlich war die Magd gekommen, um Feuer zu machen. Nun war sie meine Retterin geworden. Ich wollte mich rasch bei ihr bedanken und heimlich aus dem ungastlichen Gasthaus verschwinden. Da hörten wir, wie in der Kammer nebenan der Wirt rumorte und aus seinem Bett stieg.

Sie erschrak, ich erschrak, beide befürchteten wir harte Strafen. Die Magd sagte: ›Schnell, kriech wieder in den Sack, ehe es für uns beide bös ausgeht.‹

Doch ich hatte keine Lust, zurück in dieses muffige Gefängnis zu kriechen. Lieber reckte und streckte ich mich und überlegte, wie ich unbemerkt das Haus verlassen konnte.

Da hielt mir die Magd in ihrer Angst einen Groschen hin und sagte: ›Nimm! Der ist für dich. Wenn du nur wieder in den Sack kriechst!‹

Ein Groschen! Den konnte ich gut gebrauchen! Ich schnappte ihn mir und schlüpfte in den Sack.

Kaum hatte die Magd den Sack verschnürt, durchzuckte mich ein heftiger Schmerz. Mit einem Stock schlug diese Falsche auf mich ein. So lange, bis ich durch ein Loch im Sack den Groschen wieder herausrückte.

Unterdessen war der Wirt ins Zimmer gekommen. Und das war meine Rettung. Womöglich hätte die Magd mir am Ende noch die Seele aus dem Leib geprügelt.

Der Wirt befreite mich aus dem Sack. Als er sah, wie seine Magd mich zugerichtet hatte, verzichtete er auf eine weitere Strafe. Stattdessen warf er mich zur Tür hinaus.

Und da sitze ich nun. Und habe schon wieder Hunger. Und keinen Pfennig. Ach, was gäbe ich dafür, ins Schlaraffenland zu gelangen und mich dort so richtig satt essen zu können.«

Erasmus stieß ein leises »Ia« aus.

»Du auch? Hast du denn jemals vom Schlaraffenland gehört?«, fragte Hans Sachs und grinste.

Nein, das hatte Erasmus nicht. Er schaute Hans Sachs mit großen Augen an, zum Zeichen, dass er gern mehr darüber hören wollte.

»Das Schlaraffenland«, erklärte Hans Sachs, »liegt drei Meilen hinter Weihnachten. Will man hineingelangen, muss man sich durch einen Berg Hirsebrei essen. Die Häuser sind mit knusprigen Fladen gedeckt, Fensterläden und Türen aus Pfefferkuchen gemacht, die Zäune aus Bratwürsten, wie man sie hier in Thüringen gern isst. An Tannen hängen keine Zapfen, sondern viele süße Krapfen. Von Semmeln an den Weidenbäumen kann ich armer Kerl nur träumen.«

Hans Sachs unterbrach seine Rede, schaute aufs Wasser, als könnte er da noch weitere Ideen entdecken, wie es in diesem fernen Schlaraffenland zugeht. Und schon fuhr er fort: »Im Wasser schwimmen Fische, die sind gesalzen und gebraten. Man muss nur die Hand nach ihnen ausstrecken, schon hat man einen, den man sich in den Mund schieben kann. Und am Himmel«, Hans schaute einem Schwarm Tauben hinterher, »fliegen gebratene Hühner. Wenn man den Mund aufmacht, fliegen sie einem gleich hinein.«

Hans Sachs schaute Erasmus an. »Klingt das gut oder klingt das gut, mein Freund? Ich danke dir, dass du mir zugehört hast. Nun bin ich fest entschlossen, aus diesen Ideen ein Gedicht zu machen. Der Titel steht schon mal fest: Das Schlaraffenland. Den Rest muss ich noch in Reime fügen. Aber erst muss ich mir einen Schuhmacher suchen, der mich für die nächsten Wochen aufnimmt. Und sollte ich ein paar Stunden frei haben, komme ich wieder hierher, an den Fluss. Das Plätschern, Rauschen und Fließen des Wassers bringt mich auf gute Ideen.«

Hans Sachs erhob sich, Erasmus ebenfalls. Die Mundwinkel des jungen Mannes zuckten vor Vergnügen, ehe er sagte: »Zum Abschied ein kleiner Vers, extra für dich: Dass überall dir Nahrung wachs, das wünscht von Herzen dir Hans Sachs.« Er verneigte sich, als würde er Applaus dafür erwarten. Dann stiefelte er frohgemut davon, auf seinen löchrigen Sohlen.

Erasmus schaute ihm hinterher und hoffte, ihn in der nächsten Zeit noch öfter zu treffen. Hier am Ufer der Gera.

WAS DER MAGIER JOHANN FAUST ERASMUS INS OHR FLÜSTERTE

Erasmus streunte gern stundenlang über den Markt. Die Leute mochten ihn, oft genug steckte ihm jemand eine Kleinigkeit zu fressen zu. Aber noch besser gefiel es ihm, wenn seine Ohren mit neuen Geschichten gefüttert wurden.

Kaum sagte jemand: »Habt ihr schon gehört?«, rückten nicht nur die Leute näher heran. Auch Erasmus spitzte seine spitzen Ohren noch ein Stück weiter in die Höhe.

Da! Da war es wieder: »Habt ihr schon gehört?« Erasmus schaute in die Runde und suchte, woher der Satz geweht kam. Gleich beim nächsten Satz war Erasmus zur Stelle. Und dann flogen die Sätze zwischen den Leuten hin und her, immer um die Ohren des Esels herum.

»Der geheimnisvolle Doktor Faust ist nach Erfurt gekommen.«
»Faust? Wer soll das denn sein?«
»Oho, ich sehe: Ihr lebt geradewegs hinterm Mond. Johann Georg Faust ist ein berühmter Gelehrter, Arzt und Wunderheiler.«
»Ach was! Berühmt ist er vor allem, weil er ein Scharlatan ist. Ein Hexenmeister! Ein Magier, der einen Pakt mit dem Teufel geschlossen hat. Mit dessen Hilfe beschwört er die Toten herauf. Sie erscheinen, als wären sie noch lebendig. Gruselig!«
»Egal, ich würde diesen Mann und seine Wundertaten gern einmal mit eigenen Augen erleben«, erklärte jemand.
»Ich auch, ich auch«, dachte Erasmus.

In diesem Augenblick preschte ein Fuhrwerk vorbei. Ein hölzerner Wagen, hoch mit Heu beladen. Zwei kräftige Gäule hatten ihre liebe Not, die schwere Last zu ziehen.

Oben auf dem Heu saß ein Mann, der rief: »Beiseite, ihr Leute! Macht Platz für den Magier Faust.« Er ließ die Peitsche knallen und trieb die Pferde zu noch schnellerer Fahrt an.

»Ist er das? Ist er das wirklich?«, fragten die Leute einander. Das Gespann raste in höllischem Tempo auf die schmalste Gasse der Stadt zu. Die war so eng, dass immer nur ein Mensch hindurchgehen konnte, niemals aber passten zwei Menschen nebeneinander.

Schon hatte das übervolle Fuhrwerk die Gasse erreicht. Entsetzt schrien die Leute auf. Gleich, gleich würde ein Unglück geschehen! Erasmus stand wie versteinert. Er wagte nicht einmal mehr zu atmen.

Doch im letzten Augenblick rückten die Häuser auseinander, wie von Geisterhand zur Seite geschoben. Faust fuhr mit dem Heuwagen durch die Gasse. Nicht ein einziges Hälmchen streifte die Wände der Häuser.

Die Leute standen da, mit offenen Mündern. Sie konnten nicht glauben, was sich gerade vor ihren Augen abgespielt hatte. Unmöglich war das, einfach unmöglich!

Da kam ein Mönch des Wegs und rief: »Das war kein Wunder, sondern das Blendwerk des Teufels! Satan, hinweg mit dir!«

Schlagartig verwandelten sich die Pferde in zwei rote Hähne. In ihren Schnäbeln hielten sie einen einzigen Strohhalm, den sie gemeinsam durch die Gasse zogen. Der Heuwagen war weg. Und die Häuser standen da, wo sie immer gestanden hatten.

Hätte Erasmus gekonnt, hätte er sich verwundert die Augen gerieben, wie es die Menschen ringsum taten. Wohin war der Wagen so plötzlich verschwunden? Und wo war Faust?

Erasmus hörte direkt neben sich ein leises Lachen. Er schaute zur Seite. Da stand der Mann, der eben noch auf dem Heuwagen gesessen hatte. Dieser Magier Faust.

Er klopfte dem Esel auf den Rücken und sagte: »Tolle Geschichte, nicht wahr? Die werden sich die Leute so oft erzählen, bis sie eines Tages glauben, die Häuser wären wirklich zur Seite gerückt. Dabei war es ganz anders.«

Erasmus heftete seinen Blick auf Faust, schaute ihm fest in die Augen, als wollte er sagen: »Anders war es? Wie denn?«

Faust zwinkerte dem Esel zu und sagte: »Dir kann ich es ja erzählen. Du wirst meinen Trick nicht verraten.«

Und dann flüsterte er Erasmus etwas ins Ohr. Der Esel gab sich alle Mühe, die Worte des Magiers zu verstehen. Aber es waren zu viele Wörter dabei, die er noch nie gehört hatte. Gelehrten-Latein. Etwas, das wie eine Zauberformel klang. Ein paar Sätze über die magische Kraft der Einbildung.

»Ich glaube, du verstehst mich«, sagte Faust abschließend.

Erasmus hätte zu gern widersprochen. Nichts hatte er verstanden, gar nichts!

Aber war das denn schlimm? Er hatte gerade eine unglaubliche Geschichte erlebt und einen sagenhaft interessanten Mann kennengelernt. Das war mehr, als sonst manchmal im ganzen Monat passierte.

»Wenn es mal wieder etwas zu gaffen gibt, bist du hoffentlich auch dabei, mein Freund!«, sagte Faust, verneigte sich und war verschwunden, noch ehe Erasmus nicken konnte.

Allmählich lösten sich die Leute aus der Erstarrung, in die sie dieses seltsame Schauspiel versetzt hatte. Sie schüttelten noch einmal die Köpfe, dann verzogen sie sich.

Und auch Erasmus zog wieder seines Weges.

WIE ERASMUS EIN EINÄUGIGES UNGEHEUER VERJAGTE

Eines Morgens, als Erasmus in der Stadt unterwegs war, hörte er einen Tumult. Da redeten Menschen durcheinander, viele Menschen! Erasmus stellte die Ohren auf, drehte sie in alle Richtungen und trabte los. Es war höchste Zeit für ein neues Abenteuer!

Schnurstracks bog er um eine Ecke und gelangte zu einem großen Gebäude. Davor stand eine schier unübersehbare Anzahl junger Männer.

Schon schnappte Erasmus die ersten Sätze auf: »Ich will in der ersten Reihe sitzen. Immerhin war ich einer der Studenten, die Doktor Faust zu dieser Vorlesung eingeladen haben. Regelrecht bedrängt haben wir ihn, weil wir noch mehr von den griechischen Helden hören wollten.«

»Ja«, rief ein anderer junger Mann, »schon die erste Vorlesung war grandios. Faust kann so lebendig erzählen! Uns war, als könnten wir die Helden der Geschichten mit eigenen Augen sehen. Und nun will er sie wirklich erscheinen lassen.«

»Wer glaubt denn so etwas?«, spottete ein älterer Student. »Klar kann er anschaulich erzählen. Aber dass die Gestalten höchstpersönlich im Saal erscheinen – ich bitte euch!«

»Glaubt es oder lasst es bleiben«, mischte sich nun eine tiefe Stimme ein, direkt hinter Erasmus.

Alle Köpfe flogen blitzschnell herum zu dem, der diese Worte gesagt hatte. Das war kein anderer als der Magier Faust. Er lächelte geheimnisvoll und rief: »Ich lade euch ein, euch dieses denkwürdige Ereignis nicht entgehen zu lassen.«

Dann flüsterte er Erasmus ins Ohr: »Komm mit. Ich wette, du bist klüger als manch einer dieser Herren Studenten.«

Erasmus fühlte sich geschmeichelt.

Doch sogleich flüsterte Faust weiter: »Bist du aber auch mutig? Meine Veranstaltung wird viele das Fürchten lehren. Also, wie sieht es aus?«

Erasmus schaute den Magier mit großen Augen an. Stumm. Dann nickte er leicht – und damit war die Sache besiegelt.

»Wohlan, meine Herren, die Vorstellung beginnt!« Mit einer Handbewegung lud Faust die Studenten ein, ihm zu folgen.

Gemeinsam stiegen sie im großen Gebäude der Universität die Treppe hinauf. Faust majestätisch vorneweg, der Esel leichtfüßig neben ihm, die Studenten ganz still hinterdrein. Eine ungeheure Spannung lag in der Luft.

Sie betraten einen dunklen Saal. Nur wenige Streifen Tageslicht fielen durch die geschlossenen Fensterläden. In den Ecken des Raumes flackerten Kerzen. Aus vier Kohlebecken stieg Rauch empor, der süß und schwer roch.

Erasmus war kurz davor einzuschlafen, so betäubend wirkte der Rauch. Im letzten Moment hörte er eine Stimme direkt an seinem Ohr: »Nur Mut, Eselchen. Bleib in meiner Nähe, dann wird dir nichts passieren.«

Erasmus wäre am liebsten geflohen. Ins Freie gestürmt. Hätte liebend gern frische Luft geatmet – und nicht diesen seltsamen Nebel, der durch den Raum waberte.

Faust stellte sich vor die Studenten, hob beschwörend die Hände und begann zu erzählen. Während die Worte aus seinem Mund strömten, traten nacheinander die Helden der griechischen Sage herein. Stumm gingen sie durch den Saal, schauten in die Runde und verschwanden wieder.

Plötzlich schrien die Studenten auf. Eine grässliche Gestalt kam herein, ein wilder Kerl mit einem langen, zotteligen Bart.

Das war der Riese Polyphem. Er trug nichts auf dem Leib als ein Stück Fell. Mitten auf der Stirn saß sein einziges Auge, das drehte sich wie irre im Kreis.

Aus seinem Maul baumelte das Bein eines Menschen, den er gerade verspeiste. Als ob das nicht genug wäre, streckte er schon die Hände nach seinem nächsten Opfer aus.

Die Studenten sprangen entsetzt auf. Bänke kippten um, Stühle flogen umher. Alle wollten fliehen und drängten zur Tür.

Da schrie Erasmus, über die ängstlichen Stimmen der Studenten hinweg, dem Riesen sein gefährlichstes »Ia!« entgegen. Gleichzeitig stieß Faust mit einem Stab auf den Boden. Und augenblicklich war der Zauberspuk verschwunden.

Trotzdem stürzten die Studenten Hals über Kopf aus dem Saal.

Lachend löschte Faust die Kerzen und öffnete die Fenster. Er klopfte Erasmus auf den Hals und sagte: »Brav geschrien, Eselchen. Das haben wir gut gemacht. Von dieser Vorlesung wird man noch in vielen hundert Jahren erzählen.«

»Ia«, entgegnete Erasmus.

WIE ERASMUS DEN TEUFEL DAVONFLIEGEN SAH

Seelenruhig setzte Erasmus einen Huf vor den anderen. Er spazierte durch die Gassen und drehte seine Ohren in alle Richtungen, wie immer auf der Suche nach neuen Geschichten. Da hörte er einen Mann rufen: »Eselchen!«

Aha! Wenn jemand »Eselchen!« rief, bedeutete das Arbeit: Säcke schleppen, schwere Körbe oder andere Lasten, für die die Menschen einfach nicht geschaffen waren. Wie gut, dass es ihn gab. Er konnte allerhand tragen oder ziehen.

Erasmus schaute sich um, wer gerufen hatte. Es war ein fein gekleideter Herr. Bei einem Weinhändler hatte er etliche Schläuche voller Wein gekauft und wusste nicht, wie er die schweren Lederbehälter nach Hause transportieren sollte. Erasmus schüttelte den Kopf. Dass die Menschen oft so unklug handelten! Warum kaufte einer mehr, als er schleppen konnte?

Wieder hörte er den Ruf des Mannes: »He, Eselchen, gerade habe ich mehr gekauft, als ich schleppen kann. Hilf mir, den Wein nach Hause zu tragen. Meine Gäste sollen nicht auf dem Trockenen sitzen.«

Erasmus wunderte sich. Die Gäste sollen nicht auf dem Trockenen sitzen? Ja, sollen sie sich etwa auf die Weinschläuche setzen? Seltsame Angewohnheit, sehr seltsam!

Noch einmal rief der Mann, diesmal mit lieblicher Stimme: »Ach bitte, so hilf mir doch. Es springt auch eine gute Portion Futter für dich heraus.«

Na also, warum nicht gleich so! Erasmus trabte auf den Mann zu und neigte seinen Kopf zum Zeichen, dass er einverstanden war. Mit vereinten Kräften luden der Weinhändler und der vornehme Herr die Lederschläuche auf den Rücken des Esels. Leise gluckerte der Wein.

»Einen vergnüglichen Abend wünsche ich Euch und Euren Gästen, verehrter Junker Dennstedt«, sagte der Weinhändler, verneigte sich und verschwand in seinem Haus.

Junker Dennstedt führte den Esel durch die Gassen und plapperte unentwegt vor sich hin. »Ich wohne im Haus zum Anker. Da entlang, dann nach links. So, so und so.« Er fuchtelte mit der Hand in der Luft herum und redete weiter: »Zwar habe ich noch ein Fass Wein im Keller. Aber derzeit kommt Doktor Faust oft zu Besuch. Das sind vergnügliche Stunden! Neuerdings habe ich ständig das Haus voller Gäste, die den berühmten Magier sehen wollen. An solchen Abenden fließt der Wein in Strömen. Deshalb die Schläuche. Falls der Vorrat im Fass nicht reicht.«

Die Sache mit dem Wein fand Erasmus nicht so spannend. Aber als er hörte, wer da zu Besuch kommt, richtete er seine Ohren noch ein Stück weiter auf.

Währenddessen redete der feine Herr weiter: »Faust hat uns einige seiner Kunststücke vorgeführt. Unglaublich, einfach unglaublich! Da muss der Teufel seine Hand im Spiel haben.« Hastig bekreuzigte er sich. »Aber wann hat man schon mal solch einen bedeutenden Mann in der Stadt. Leider hält er sich im Moment in Prag auf. Wir warten dringend auf seine Rückkehr.«

Die beiden erreichten Dennstedts Haus. Ein Knecht sprang herbei, führte Erasmus in den Hof und nahm ihm die ledernen Getränkebeutel ab.

»Schnell, einen Trog Hafer für das gute Tier«, rief Dennstedt einem jungen Stallburschen zu.

Das klang gut! Endlich mal wieder eine ordentliche Fuhre Hafer. Nicht immer nur Disteln, Rinde und Grünzeug. Gleich tauchte Erasmus das Maul in die Köstlichkeit und war für eine Weile mit Futtern beschäftigt, während zahlreiche Gäste ins Haus strömten.

»Hehe, hast du aber einen Hunger!«, sagte der Stallbursche und schüttete noch eine kräftige Ladung Hafer hinterher.

Inzwischen war das Fest in vollem Gange. Durch das geöffnete Fenster hörte Erasmus die Leute erzählen und lachen. Er hörte das Gläserklingen, wenn sie miteinander anstießen. Und er hörte, wie ein Mann ausrief: »Faust, wo steckst du bloß? Mit dir ist so ein Abend viel lustiger.«

Kaum war der Satz zu Ende gesprochen, wieherte draußen auf der Straße ein Pferd. Lautstark klopfte jemand an die Hoftür. Junker Dennstedt öffnete und rief: »Faust, lieber Doktor, wie seid Ihr so schnell von Prag hierher gekommen?«

»Dafür ist mein Pferd gut«, antwortete Faust. »Lasst es in den Stall führen und sorgt dafür, dass es ausreichend zu fressen bekommt. Ich hoffe, der Esel hat noch genug Futter übriggelassen!« Dabei zwinkerte er Erasmus zu.

Der Stallbursche führte das Pferd in den Hof herein und zum Stall, direkt an Erasmus vorbei. Als beide auf gleicher Höhe waren, sah Erasmus, wie das Pferd kleine Flammen aus den Nüstern schnaubte. Oder war das nur ein letzter Strahl der Abendsonne, der sich in den Hof verirrt hatte?

Erasmus schüttelte sich. Dieses schwarz glänzende Pferd war ihm unheimlich.

Der Stallbursche schob dem Pferd einen Trog Hafer hin. Innerhalb kürzester Zeit hatte es die gesamte Portion vertilgt.

Sofort schrie es nach neuem Futter. Schrie mit einer Stimme, die Erasmus das Blut gefrieren ließ. Das war nicht die Stimme eines Pferdes! Das war eine Stimme, die geradewegs aus der Hölle zu kommen schien.

Faust schaute noch einmal heraus und wies den Stallburschen an, dem Tier mehr Futter zu geben. Das tat der Bursche, doch diesmal war der Trog noch schneller leer. Und wieder schrie das Pferd, als müsste die Welt gleich untergehen.

»Herr, Euer Pferd frisst wie der Teufel«, sagte der Stallbursche zu Faust.

»Das kann man so sagen«, entgegnete Faust und lachte ein dämonisches Lachen. »Morgen früh muss ich wieder in Prag sein. Ein höllischer Ritt – dafür braucht das Pferd Kraft. Viel

Kraft! Gib dem Pferd zu fressen, bevor es schreit. Und sei es die ganze Nacht hindurch. Wir wollen hier feiern, ohne durch dauerndes Geschrei gestört zu werden.«

Der Stallbursche seufzte und suchte nach einem zweiten Trog, den er mit Hafer füllte.

Erasmus schaute entsetzt zu, welche Unmengen an Futter das Pferd in sich hineinschlang. War der eine Trog leer, stürzte es sich gleich auf den anderen. Zwischendurch hob das schwarze Ungeheuer den Kopf, schaute Erasmus an und verzog sein Maul zu einem Grinsen, dass dem armen Esel angst und bange wurde. Nein, neben diesem Pferd wollte er nicht im Stall übernachten. Er schlenderte über den Hof zum Haus hinüber und schaute durch ein hell erleuchtetes Fenster den Feiernden zu.

Nach einer Weile schlug Dennstedt die Hände über dem Kopf zusammen. »Da hatte ich extra noch Wein besorgt. Aber nun ist auch der alle. Das Fass ist leer, die Schläuche auch. Nicht ein Tropfen Wein ist mehr im Haus.«

»Euch kann geholfen werden«, sagte Faust. »Bringt mir einen Bohrer und ein paar Pfropfen. Ich werde aus dieser Tischplatte die besten Weine zapfen. Nur zu!«

Dennstedt reichte Faust den gewünschten Bohrer. Der bohrte etliche Löcher in den Tisch und verschloss jedes einzelne mit einem Pfropfen. Dann bewegte er beide Hände langsam über die Tischplatte und murmelte geheimnisvolle Worte. Erasmus konnte nicht ein einziges davon verstehen. Alle Gäste starrten gebannt auf die Hände des Magiers.

Nach einem Moment atemloser Stille trat Faust einen Schritt zurück und rief in die Runde: »Reicht mir Gläser, ich werde sie füllen mit funkelndem Wein.« Sogleich zog er den ersten Pfropfen heraus und ließ dunkelroten Wein in ein Glas strömen. Aus dem nächsten Loch zapfte er goldgelben Wein.

Währenddessen wuchsen aus der Tischplatte Weinranken empor, mit saftigen Trauben daran. Einige Gäste zückten ihr Messer und griffen nach den Trauben, um sie sich abzuschneiden.

Da erhob Faust abermals seine Hände und ließ das Trugbild verschwinden. Entsetzt sahen die Gäste, dass sie keine Weintrauben in der Hand hielten, sondern die Nase oder das Ohr eines anderen Gastes.

In diesem Moment stieß das Pferd draußen im Stall einen gellenden Schrei aus, als wollte es damit Löcher ins Dach reißen.

Faust verneigte sich und rief: »Höchste Zeit für mich, nach Prag aufzubrechen.«

Er holte sein Pferd aus dem Stall und führte es auf die Straße hinaus. Erasmus folgte ihm.

»Pass gut auf, Esel«, sagte Faust. »Von dieser Reise wird man sich noch lange erzählen. Und damit wenigstens du es weißt: Mein Pferd ist niemand anderes als der Teufel selbst.«

Mit diesen Worten schwang er sich aufs Pferd. Das Pferd trabte ein paar Schritte die Straße entlang, wurde schneller und stieg schließlich in den Himmel hinauf. Höher und höher. Bis es den Blicken des Esels entschwunden war.

WIE ERASMUS EINEM WAHREN RIESEN BEGEGNETE

Einmal, als Erasmus zu seinem Lieblingsplatz am Ufer der Gera kam, hockte dort ein Mann am Boden, umringt von Kindern.

»Passt auf, ich zeige euch, wie das geht«, sagte der Mann. Mit einem Stock zeichnete er mehrere Linien auf den Erdboden.

»Diese Linien sind unser Rechenbrett. Auf die unterste Linie kommen die Einer, auf die zweite Linie die Zehner, auf die dritte die Hunderter«, sagte er. »Nun brauchen wir noch Zählsteine, möglichst kleine. Flink, sucht ein paar.«

Die Kinder sprangen in alle Richtungen davon. Immer wieder bückten sie sich und sammelten ein, was sie fanden. Augenblicke später lag ein Haufen Steine neben dem Mann.

»Die nehmen wir zum Zählen und Rechnen«, erklärte er. »Und so wird gezählt: Liegt ein Stein auf der untersten Linie, bedeutet er 1. Liegen dort zwei, bedeuten sie 2, drei Steine eine 3, vier Steine eine 4 …«

»… fünf Steine eine 5«, setzte ein vorwitziger Junge mit pechschwarzen Strubbelhaaren die Reihe fort.

»Richtig! Und doch falsch!«, rief der Mann und lachte. »Wenn fünf Steine auf der untersten Linie liegen, nehmen wir alle fünf weg. Dafür legen wir einen Stein in den ersten Zwischenraum. Denn der bedeutet: 5. Kommt ein zweiter Stein neben den Fünfer-Stein, nehmen wir beide weg und legen dafür einen auf die nächsthöhere Linie. Die bedeutet nämlich 10. Zwei Steine auf dieser Linie wären dann 20. Verstanden?«

Erasmus hatte nichts verstanden, gar nichts. Auch die Kinder schwiegen und schauten den Mann mit fragenden Augen an.

»Ich bin gespannt, wer die folgende Zahl erkennt.« Der Mann legte drei Steine auf die unterste Linie, einen in den Zwischenraum und zwei auf die zweite Linie.

»23«, rief ein Junge.

»Fast richtig. Wer bietet mehr?«, fragte der Mann.

»Da liegt noch ein Stein im Zwischenraum, also müssten es 28 sein«, sagte ein Mädchen.

Erfreut blickte der Mann zu ihr auf. »Jawohl, so ist es. Kluges Mädchen!«

In diesem Moment kam ein sehr gelehrt aussehender Mann auf die Gruppe zu. »Bestimmt ein Professor«, überlegte Erasmus. Mit Professoren kannte er sich aus.

Der Professor schüttelte den Kopf und sagte zu dem Mann, der noch immer am Boden hockte: »Verehrter Adam Ries! Ihr seid ein großartiger Rechenmeister und angesehener Mann. Was hockt Ihr hier im Straßendreck und erklärt diesen zerlumpten Kindern die hohe Kunst des Rechnens? Die werden sowieso niemals in ihrem Leben studieren.«

Da erhob sich der Mann, der Adam Ries hieß. Er baute sich in voller Größe vor dem Professor auf und sagte: »Ich bin ganz und gar nicht Eurer Meinung. Jeder Mensch, egal ob Mädchen oder Junge, ob arm oder reich, sollte rechnen lernen. Und sei es nur aus dem einzigen Grund, beim Einkauf auf dem Markt nicht übers Ohr gehauen zu werden. Ich habe beschlossen, ein Rechenbuch zu schreiben. Und zwar so, dass es jeder verstehen kann. Also auch jedes Kind! Ich werde es in großer Zahl drucken lassen. Und ich hoffe, dass ein jeder die Rechenkunst mit Lust und Fröhlichkeit begreifen möge.«

Die Kinder, die Adam Ries umringt hatten, klatschten Beifall und sprangen lachend umher. Der Professor verzog sein Gesicht, als hätte er den Mund voll glitschiger Kröten.

»Macht, was Ihr für richtig haltet, Herr Rechenmeister und

Herr der Dreckspatzen«, sagte der Professor und verschwand.

»Dem haben wir es gegeben«, sagte Adam Ries. »Doch lasst uns keine Zeit verlieren. Wir üben weiter. Jetzt zeige ich euch, wie man Zahlen zusammenrechnet.«

Erasmus ließ sich neben der Gruppe nieder und schaute zu. Adam Ries legte Steine auf die Linien und in die Zwischenräume. Erst bildete er die einzelnen Zahlen, dann schob er die Steine zweier Zahlen zusammen. Er nahm Steine weg, verschob andere Steine auf die nächste Linie oder in den folgenden Zwischenraum.

Nebenbei erklärte er: »Diese Art des Rechnens heißt ›Rechnen auf den Linien‹. So soll auch mein Buch heißen. Wenn ihr wollt, lade ich euch ein. Ich besuche gleich den Drucker Mathes Maler. Er wird mein Buch drucken. Wer kommt mit?«

»Ich«, rief Johanna – das Mädchen, das vorhin die Zahl richtig erkannt hatte.

»Ich auch, ich auch«, riefen nun alle anderen Kinder.

Da meldete sich Erasmus mit einem zaghaften »Ia«.

Adam Ries schaute dem Esel verwundert in die Augen. Dann sagte er: »Du bist auch eingeladen. Am Ende bringe ich vielleicht sogar noch einem Esel das Rechnen bei.« Wieder lachte er vergnügt und lief los in Richtung Michaelisstraße. Die Kinder und der Esel schlossen sich ihm an.

Unterwegs drängte sich ein Junge mit vielen Sommersprossen an Adam Ries heran und sagte: »Ihr müsstet eigentlich Riese heißen. Ihr seid ein Riese an Klugheit und Gedankenkraft.«

»Wie gut, dass wenigstens du das erkannt hast«, entgegnete Adam Ries, »im Unterschied zu manchem Professor.«

Schon stand die kleine Gesellschaft vorm Haus Zum Schwarzen Horn. Adam Ries bat um einen Moment Geduld. Er trat ins Haus und kam Augenblicke später wieder heraus.

»Ihr dürft alle mitkommen. Vielleicht will ja jemand von euch später Druckerlehrling werden. Früher wurde jedes einzelne Buch mit der Hand abgeschrieben. Das haben die Mönche in den Schreibstuben erledigt. Mancher Mönch hat sein ganzes Leben damit zugebracht, ein einziges Buch abzuschreiben. Außerdem mussten für jedes Buch viele Tiere getötet werden.«

Die Kinder schauten Adam Ries entsetzt an. Und Erasmus standen die Ohren starr vor Schreck.

»Früher schrieb man auf Pergament. Das war nichts anderes als Tierhaut – von Kälbern, Ziegen und Schafen. Doch nun, zum Glück, wird ausreichend Papier hergestellt. Und es gibt bewegliche Lettern, aus Metall gegossen. Ach, was erzähle ich euch. Kommt einfach mit hinein. Dann könnt ihr mit eigenen Augen sehen, wie so ein Buch entsteht.«

Die Kinder drängten sich in die Werkstatt des Buchdruckers, Erasmus folgte ihnen.

»Willkommen in der Offizin, in der Werkstatt der Drucker«, wurden sie von Mathes Maler begrüßt. »Manche nennen das Drucker-Handwerk auch Schwarze Kunst. So bezeichnet man sonst die Zauberei. Es ist ja auch wie Zauberei: Wir drucken mithilfe dieser Metall-Buchstaben ein Blatt Papier voll, und derjenige, der es liest, hat plötzlich ganz neue Gedanken im Kopf. Oder neue Geschichten. Oder er weiß endlich, wie man rechnen muss. Nämlich so, wie es Meister Ries in seinem Buch erklärt.«

Der Drucker zeigte den Kindern, wie die einzelnen Buchstaben aus Metall zu Wörtern, zu Zeilen und schließlich zu einer ganzen Buchseite zusammengefügt werden. Darauf wurde schwarze Farbe aufgetragen und in der Druckerpresse auf ein Blatt Papier gedruckt.

Adam Ries schaute ebenso begeistert zu wie die Kinder. Dann sagte er: »Wirklich Zauberei. Heute schreibt jemand einen klugen Gedanken auf, morgen schon ist er hundertfach gedruckt und kann sich in der Welt verbreiten. Na, zumindest erst mal in der Stadt. Denn dass hier viele Menschen auf eine neue Zeit warten, auf neue, kluge Gedanken, das spürt man an jeder Straßenecke.«

Als Adam Ries gemeinsam mit den Kindern die Druckerei wieder verließ, sagte Johanna: »Das ist so spannend! Ich möchte auch Druckerin werden.«

»Mädchen können kein Lehrling werden«, sagte ein größerer Junge zu ihr. »Also auch kein Drucker.«

»Das ist ungerecht«, protestierte Johanna. »Ich will keine Magd oder so etwas werden. Ich will auch Bücher drucken!«

»Weißt du was«, schlug der Junge mit den vielen Sommersprossen vor. »Ich werde Drucker. Ganz bestimmt werde ich das! Und dann heirate ich dich. Ist ja wohl klar, dass du mir bei der Arbeit helfen musst. Dann darfst du so viele Bücher drucken, wie du nur willst. Einverstanden?«

Das Mädchen schaute den Jungen mit neugierig blitzenden Augen an. Sie überlegte kurz. Dann grinste sie und sagte: »Frag mich in zwei plus drei plus drei Jahren noch mal.«

»Dass ich heute noch einen Heiratsantrag miterleben darf! Wer hätte das gedacht«, meinte Adam Ries. Dann fragte er den Jungen: »Willst du wirklich zehn Jahre warten? Bis dahin hat dir jemand dieses schöne und kluge Mädchen weggeschnappt.«

»Zehn Jahre?«, protestierte der Junge. »Acht! Bis dahin passe ich auf, dass mir niemand in die Quere kommt.«

»Prüfung bestanden!«, sagte Adam Ries und klopfte dem Jungen auf die Schulter. »Aber es war eine leichte Prüfung. Wer mehr lernen will, der besucht mich in meiner Rechenschule. Wer möchte?«

Da meldeten sich alle Kinder.

Erasmus hätte sich auch gern gemeldet. Aber er musste noch ein wenig nachdenken. Er erinnerte sich an die Bücher, die er bei Amplonius in der Studierstube gelesen hatte. Die waren alle mit der Hand geschrieben. Auf Pergament aus Tierhäuten!

Erasmus schüttelte sich. Wie gut, dass er nicht einfach nur eine Seite in einem Buch geworden war.

Aber die Druckerei interessierte ihn sehr. Er beschloss, die Bücher-Werkstatt des Öfteren zu besuchen.

WIE ERASMUS TILL EULENSPIEGEL NOCH EINMAL BEGEGNETE

In Erfurt gab es zum Glück nicht nur die Druckerei von Mathes Maler. Erasmus schaute auch gern bei der von Melchior Sachse vorbei. Durch die geöffneten Fenster konnte er frisch gedruckte Seiten erspähen und endlich wieder einmal lesen. So entdeckte er zum Beispiel die Bibel, die Martin Luther in die deutsche Sprache übersetzt hatte. Hier wurden auch die Dunkelmännerbriefe gedruckt. Das klang unheimlich!

Einmal, als er an der Druckerei von Melchior Sachse vorbeikam, wurde er von schallendem Lachen angelockt.

»Dieser Schelm, dieser Obergaukler! Wie er die Professoren an der Nase herumgeführt hat! Das ist zu witzig«, rief der Drucker. »Hat den Professoren erklärt, der Esel könne das I und das A lesen. Dann hat er sie mächtig abkassiert und ist schnurstracks aus der Stadt verschwunden.«

»Ia, ia«, rief Erasmus aufgeregt zum Fenster hinein.

»Ja, klar«, entgegnete der Drucker. »Jeder Esel hätte das gekonnt.«

»Wohl wahr«, dachte Erasmus. »Aber ob andere Esel ebenfalls heimlich das Lesen gelernt hätten?«

»Soll ich dir die Geschichte erzählen, wie Eulenspiegel das angestellt hat?«, fragte Melchior Sachse.

Erasmus blieb stumm. Denn hätte er »Ia« gerufen, hätte er sich gewiss die Geschichte anhören müssen. Stattdessen drehte er sich um und ging seiner Wege.

Er kannte die Geschichte, wie sie wirklich war. Es war ja seine Geschichte. Wie gern hätte er sie jemandem erzählt, der sie aufschreiben würde, um endlich, endlich seinen größten Wunsch zu erfüllen: für immer in einem Buch lebendig zu bleiben.

ENDE

Bild: privat

INGRID ANNEL

wurde 1955 in Erfurt geboren, wo sie noch immer gern lebt.
Nach dem Studium arbeitete sie als Bauarbeiterin in der Ukraine, danach als Lehrerin, Buchhändlerin, Musikerin, Dramaturgin, Lektorin und Bücherclown.
Seit 1998 schreibt sie Geschichten und Gedichte für Kinder sowie Historisches, Biografisches, Märchenhaftes und Unterhaltsames für Erwachsene. Daneben ist sie mit Erzähltheater-Programmen und vielfältigen Leseangeboten unterwegs.

Bild: Iva Jauss

NADJA RÜMELIN,

geboren 1981, studierte an der Bauhaus-Universität in Weimar Visuelle Kommunikation mit Schwerpunkt Illustration.
Nach dem Diplom arbeitete sie in Berlin und Freiburg als Illustratorin, gründete eine Familie und kehrte 2015 mit dieser nach Thüringen zurück. Von Erasmus hat sie richtig viel über ihr neues Zuhause Erfurt gelernt. Wie er sucht sie stets die Nähe von Geschichten – am liebsten zeichnenderweise – und riecht gerne an Rosen und frisch gedruckten Büchern.

Ebenfalls im Bertuch Verlag erschienen

Glücksdrachenpech

MÄRCHEN UND SAGEN VON INGRID ANNEL
illustriert von Marga Lenz

Vor noch nicht allzu langer Zeit, als die Menschen noch mit Fabelwesen zusammenlebten, war die Umgebung der Nieder- und Oberlausitz ein wunderbarer Platz für rätselhafte und unheimliche Naturgeister, die sich dort austobten.
Fünfunddreißig kurze und lange Geschichten erzählen von mehr oder weniger bekannten Märchen- und Sagengestalten. So erwachen Wassermänner, Kobolde, Nixen, Drachen und Irrlichter zu neuem Leben. Da werden Streiche gespielt, vermeintlich Gutes getan und den Menschen der Kopf verdreht.

ISBN: 978-3-86397-001-7
Hartcover, 100 Seiten,
Preis: 12,50 €

www.bertuch-verlag.com

Ebenfalls im Bertuch Verlag erschienen

Rinderschwanzsuppe & Kindertanzgruppe

FRÖHLICHE GEDICHTE VON ULF ANNEL
illustriert von Katrin Kadelke

Gedichte zu lesen, ist keineswegs eine langweilige oder verstaubte Angelegenheit. Im Gegenteil! Sprache macht Spaß! Unter diesem Motto sind sie entstanden die hier versammelten Gedichte, Reime und Limericks, die sich an kleine wie große Wortakrobaten richten. Mit viel Humor und Feingefühl jongliert der Autor mit den Wörtern und Buchstaben, wie auch mit dem Sinn und Unsinn von Wortbedeutungen. Mit den farbig und frechen Illustrationen bietet das Buch viel Spaß für die ganze Familie und jede Menge neue Ansätze und Ideen zum Nachgrübeln, Weiterdenken und Miteinander-ins-Gespräch-kommen.

ISBN: 978-3-86397-090-1
Hartcover, 112 Seiten,
Preis: 13,80 €

www.bertuch-verlag.com

© Bertuch Verlag GmbH, Weimar, 2018
www.bertuch-verlag.com
Illustrationen und Gestaltung: Nadja Rümelin
Herstellung: Druckhaus Central GmbH
ISBN 978-3-86397-088-8

Einige Kapitel des Buches waren bereits als Rundfunksendung bei »Ohrenbär – Radiogeschichten für kleine Leute« zu hören. Wenn du auf der Seite *www.ohrenbaer.de* nach »Ingrid Annel« und nach »Esel Erasmus braucht Lesefutter« suchst, kannst du dir im Podcast die drei Sendefolgen anhören, gelesen vom Schauspieler Gunter Schoß.